Philip Golabuk · Herzkitt

Philip Golabuk

Herzkitt

Wie man Liebeskummer überwindet

Aus dem Amerikanischen
von Michael Benthack

Kabel

Titel der amerikanischen Originalausgabe:
CEMENTING THE BROKEN HEART
A Companion Guide for the Journey From Suffering to Wholeness

Dieses Buch wurde auf chlor- und säurefreiem Papier gedruckt.
Die Folie des Schutzumschlages sowie die Einschweißfolie
sind PE-Folien und biologisch abbaubar

Umschlag: Theodor Bayer-Eynck
Satz aus der Aldus (Linotronic 500)
Papier: Fortuna Werkdruckpapier »Pegasus« chlorfrei, säurefrei
Steinbeis Temming Papier GmbH & Co., Glückstadt
Gesamtherstellung: Clausen & Bosse, Leck
ISBN 3-8225-0327-4

1 3 5 7 9 10 8 6 4 2

Für meine Mutter und meinen Vater

Inhalt

Vorwort

Ich möchte Sie dazu ermuntern, sich diesem Buch im Geist einer Forschungsreise zu nähern, es sich zu Herzen zu nehmen, daraus zu verwenden, was Ihnen nützlich erscheint, und den Rest zu vergessen. Ein solches Buch bedeutet für das Leben des Autors das, was ein Lesezeichen für ein Buch ist: Es zeigt für den Moment den Ort, an dem er mit dem Schreiben aufgehört hat, und notiert – für den, den es interessiert –, wie die Dinge im Augenblick stehen. Jedem Autor, zumal einem, der aus dem Herzen seiner persönlichsten Erfahrungen schreibt, droht die Gefahr, zu lange an seinem Buch festzuhalten: Er möchte es nicht loslassen, weil er tags darauf etwas Großartiges daraus erfahren kann. Es gibt aber eine Zeit, da das Loslassen richtig ist. Es gibt immer etwas zu lernen, zu leben, zu lieben, zu sagen. Und da jedes Leben einzigartig ist, sollten Sie alles, was Sie auf diesen Seiten an Wertvollem finden, als Ausgangspunkt für die eigene Genesung und Entwicklung nehmen.

Wenn es eine Botschaft gäbe, die ich Ihnen im Augenblick übermitteln könnte, dann würde sie lauten: Ihr Leiden hat einen Sinn. Es birgt die Chance, sich zu wandeln und die größere Kraft und Integrität einer neuen Lebensweise zu erlangen, wie Sie es sich noch gar nicht vorgestellt haben. Anfangs muß man glauben, daß diese neue Lebensweise möglich ist, eben weil sie neu *ist*, aber man verliert nicht viel, wenn man sich zu dieser Überzeugung bekennt, da die Alternative wäre, weiter an gebrochenem Herzen zu leiden. So schwer Ihnen diese Überzeugung auch fallen mag, Sie können von der großen Verletzung eines gebrochenen Herzens genesen und neue Lebensfreude empfinden.

Gehen wir von diesem Anfang aus, können wir uns öffnen und das manchmal unabweisliche Gefühl im Augenblick unseres größten Verlustes – nämlich, daß wir die Fähigkeit, weiterzuleben, verloren haben – überwinden. Diese Offenheit hilft ein wenig, und wo sonst kaum etwas hilfreich scheint, ist ein wenig schon viel. In diesem Geist habe ich das Folgende geschrieben.

Da dürften Sie... nicht erschrecken, wenn eine Traurigkeit vor Ihnen sich aufhebt, so groß, wie Sie noch keine gesehen haben; wenn eine Unruhe, wie Licht und Wolkenschatten, über Ihre Hände geht und über all Ihr Tun. Sie müssen denken, daß etwas an Ihnen geschieht, daß das Leben Sie nicht vergessen hat, daß es Sie in der Hand hält; es wird Sie nicht fallen lassen.

Rainer Maria Rilke
Briefe an einen jungen Dichter

Die Reise beginnt

Wir werden ausruhen! Wir werden die Engel hö-
ren, wir werden den Himmel ganz in Diamanten
sehen.

ANTON TSCHECHOW
Onkel Wanja

1

Ein guter Ort, um zu beginnen: Ja, es geschieht mit Ihnen. Plötzlich stellen Sie fest, Sie sind dem Anprall der verschiedensten Gefühle ausgesetzt, die Sie zu überschwemmen drohen: Wut, Angst, Unglaube, Verzweiflung und Hoffnungslosigkeit sammeln sich in Ihnen wie gefährliche, dunkle Gewitterwolken, die, wie es scheint, jede Minute des Tages ihren Zorn entladen. Und wie lang der Tag ist, wenn man in der Einzelhaft der Verzweiflung sitzt! Tausende Assoziationen überfallen Ihr gebrochenes Herz von allen Seiten – aus dem Fernseher und dem Radio, von Fremden auf der Straße, aus den Geschäften und Restaurants in Ihrer Umgebung –, und jede ist eine erpresserische Erinnerung an etwas besonders Bedeutsames, irgendeine Zärtlichkeit, die zu etwas gehörte, das Sie verloren haben und nun nicht mehr da ist. Sie leben ganz mechanisch. Selbst wenn es Ihnen gelingt, sich am Arbeitsplatz oder zu Hause abzulenken, gibt es immer das dunkle Gefühl, daß etwas zutiefst falsch ist, eine Unterströmung von Kummer, Angst, Erschütterung. Die angsterregende Möglichkeit, die Sie möglicherweise seit Monaten vermutet, gefürchtet oder verleugnet haben, ist nun eingetreten. Vielleicht hat sich vor Ihnen auch der Boden aufgetan und Sie ohne Warnung verschlungen. Jedenfalls ist Ihr Partner, Ihr Vater oder Ihre Mutter, Ihr Kind, Ihr Beruf oder Ihre Gesundheit – welche zwischenmenschliche Beziehung oder welcher Lebensumstand Ihnen auch besonders wichtig ist – nicht mehr da. Ist *verschwunden*. Was für ein endgültiges, abweisendes Wort. Sie befinden sich im freien Fall des reinen Verlusts, und Sie können nichts dagegen tun.

Dieses Gefühl der Hilflosigkeit ist eine Täuschung, so überzeugend es Ihnen auch vorkommt. Mehr noch: Zwar können Sie vielleicht nichts an den äußeren Umständen des Verlusts ändern, doch Sie können eine

Menge zur Heilung Ihrer inneren Wunden beitragen. Trotz Ihres derzeitigen Gefühlszustandes *können* Sie Ihre Lebensfreude wiedererlangen, Ihre Begeisterungs- fähigkeit neu entfachen, Ihr Wohlbefinden und Ihren Tatendrang wiederfinden. Und obwohl die Reise auf dem Weg vom Leiden zur Ganzheit eine gewisse Zeit in An- spruch nimmt, wird es nicht unbedingt ein langer Reise- abschnitt werden; sein Ziel ist, wie Lord Alfred Tenny- son in *The Higher Pantheism* schrieb, näher als Ihr At- men und näher als Ihre Hände und Füße. Sie können den ersten Schritt auf diesem Weg gehen, indem Sie Ihre Aufmerksamkeit drei Aussagen zuwenden, die wahr sind, ob Sie es nun glauben oder nicht.

Erstens:

Die Dinge ändern sich.

Wandel ist die wichtigste Konstante. Die Dinge haben sich geändert; sie werden sich wieder ändern. An diesem Punkt ist es nicht wichtig, daß Sie vorherzusehen versu- chen, wie oder wann sie sich ändern, sondern nur so gut es geht zu würdigen, daß sie sich ändern. Niemand ist dazu verurteilt, den Schmerz eines Verlustes für alle Ewigkeit zu erleiden. Die zweite Aussage:

Sie werden sich ändern.

Wenn Sie auch nur ein wenig dazu bereit sind, wird das Leben in Ihnen nach einer gewissen Zeit die emotionale Gesundheit, Kraft und das seelische Gleichgewicht wie- derherstellen. Niemandem fällt es zunächst leicht, daran zu glauben, zumal, wenn einem die Explosion des Verlu- stes noch immer in den Ohren klingt. Doch denken Sie daran – wie Samen, die unter einer Asphaltstraße liegen, werden auch Sie einen Ausweg finden, und zwar durch die Risse hindurch oder durch den Asphalt selbst, wenn sie keinen leichteren Weg finden. Der menschliche Geist hat nicht weniger Entschlossenheit. In den verborgenen Schichten werden bereits automatisch die Änderungen in Gang gesetzt, die Sie neu beleben und Ihnen das Gefühl zurückgeben werden, mit dem Leben verbunden zu sein. Sie können den Ausdruck der Lebenskraft aufschieben, doch tief im Innern wird auch beim leidenschaftlichsten Entschluß, am Leiden festzuhalten, die Alchemie des Wandels leise ihren Zauber entfalten, der so unvermeidlich und natürlich ist wie das Ziehen der Wolken und der Wechsel der Jahreszeiten. Der dritte Punkt:

Gefühle sind keine Fakten.

Das Gefühl, machtlos zu sein, ist nicht das gleiche, wie machtlos zu sein. Das Gefühl, wertlos zu sein, ist nicht dasselbe, wie wertlos zu sein. Unsere Heilung hängt somit nicht so sehr davon ab, was wir vielleicht fühlen, sondern davon, daß wir lernen, unsere Gefühle *als Gefühle* anzunehmen und sie voller Mitgefühl anzuerkennen, was nicht heißt, irgendeines zu bewerten, zu vermeiden oder zu beurteilen, am wenigsten die unangenehmsten. Lassen Sie sich nicht einreden, daß das, was Sie fühlen, ein zutreffender Bericht über Ihre Welt oder deren Möglichkeiten ist. Das ist entscheidend; denn wenn wir einen großen Verlust erleiden, entsteigen stets Gefühlsvampire aus den Gräbern der Psyche, begierig, das Blut unseres Enthusiasmus und unserer Vitalität zu trinken. Ihnen sind bereits einige dieser Gestalten begegnet; es sind die beunruhigenden, oft furchterregenden Gedanken und Gefühle, die uns die schlimmstmöglichen Folgen prophezeien; unsere Defizite und Fehler, ob real oder imaginär, mit niederschmetternder Bedeutung ausstatten und uns überzeugen, daß wir noch so einen Tag nicht überleben werden. In solchen Zeiten möchten wir vielleicht am liebsten im Boden versinken und verschwinden, dem Schmerz entfliehen, selbst wenn das bedeutet, unsere Existenz auszulöschen. Diese Möglichkeit kann vor uns auftauchen wie der furchtbare Dolch, der zum Greifen nah vor Lady Macbeth schwebte.

Eine Sache oder einen Menschen zu verlieren, zu der oder zu dem wir eine tiefe Bindung hergestellt haben, löst in der Psyche leicht eine schmerzliche Reihe von Nachbeben aus, bis wir von so viel Schutt umgeben sind, daß wir kaum noch den ursprünglichen vom zusätzlichen Schaden unterscheiden können. Deshalb kann es sein, daß Sie sich eine Zeitlang immer weniger ganz, immer weniger begehrenswert, immer weniger fähig *fühlen*, auf freudige, engagierte Weise am Leben teilzuhaben, das Ihnen auf einmal wie ein Traum erscheint, an den Sie sich nicht mehr erinnern können. Doch ungeachtet der schlimmsten Gefühle besitzen Sie Energiequellen, die Ihnen fast augenblicklich ein wenig Erleichterung schaffen können. Wenn Sie ganz erschöpft sind, versuchen Sie einen Augenblick lang, wenigstens experimentell, zu glauben, daß Sie mehr tun können, als Sie meinen. Später werden wir sehen, wie man die Verschiebung vom Leiden zur Ganzheit herbeiführt, denn mit der Heilung des gebrochenen Herzens geht in Wirklichkeit eine grundsätzliche Neubestimmung des Selbst einher – fort von der Identifikation mit dem Verlust und hin zu einer größeren Identifikation mit der Gesamtheit des Lebens.

2

Der größte Schmerz eines gebrochenen Herzens besteht vielleicht darin, daß das Herz nicht ganz, ein für allemal, gebrochen ist, weil dann das Leiden ja zumindest beendet wäre, sondern darin, daß es immer wieder bricht. Der dänische Philosoph Sören Kierkegaard beschrieb diesen Zustand und bezeichnete ihn als »die Krankheit zum

Tode«, als die spirituelle Angst, in der wir mit unserem leidenden Selbst feststecken und die wir nicht loswerden können. Aber Kierkegaard, der in einem Zustand chronischer Verzweiflung lebte, scheint die Tatsache übersehen zu haben, daß es ab einem gewissen Punkt ungeheurer Anstrengungen bedarf, sich weiter zu quälen. Das Gefühl, daß wir im Schmerz *gefangen* sind, verweist auf einen tiefen Widerstand gegenüber den Wandlungskräften des Lebens.

In dieser Zeit müssen Sie einen emotionalen Drahtseilakt vollführen: Sie müssen Ihre Gefühle annehmen, nicht sie verdrängen, indem Sie ein falsches Lächeln aufsetzen und so weiter, und zugleich müssen Sie sich daran erinnern, daß es »nur« Gefühle sind – Gefühle, die in Ihrer Lage völlig natürlich sind, aber nicht notwendigerweise genaue Anzeiger dessen, was real oder möglich ist. Dieses Gleichgewicht wird Ihnen die sich selbst erhaltenden emotionalen Nachbeben ersparen, die Sie erschöpfen können und die Heilung hinauszögern. Gestatten Sie sich zu fühlen, was Sie fühlen. Wenn dies bedeutet, das Kopfkissen im Arm zu halten und so lange zu weinen, bis Sie nicht mehr richtig sehen können, machen Sie's. Gefühle *als Gefühle* anzunehmen, schadet nichts. Das Weinen, die Wut, der Schmerz, das Gefühl, daß Sie verrückt werden oder verschwinden – das alles wird mit der Zeit vergehen. Wenn Sie Ihre Gefühle auf diese Weise anerkennen und ausdrücken, vollziehen Sie einen wichtigen Akt der Selbstsolidarität, der Ihre Rückkehr zur Ganzheit beschleunigen wird.

Ganz gleich, wie Sie sich fühlen mögen, Sie können den Weg finden, der Ihren Selbstwert bestätigt. Die Lektüre dieses Buchs ist bereits ein solcher Akt der Bestätigung. Sie können spazierengehen, ein Tagebuch führen, sich mit einem Essen in Ihrem Lieblingsrestaurant verwöhnen. Trotz der gegenwärtigen emotionalen Enge der Trauer erzählt Ihr Leben eine abwechslungsreiche Geschichte, deren Entfaltung weitaus größer ist als irgendeines seiner einzelnen Kapitel, ganz gleich, wie schmerzlich oder freudig sie sind. Wenn Sie es schwierig, ja sogar unmöglich finden, die Wahrheit dieses Satzes zu empfinden, dann sollten Sie so handeln, als spürten Sie sie, und schon bald wird sich diese Wahrheit durch Ihre Erfahrungen bestätigen. So oft lehnen wir es ab, etwas zu versuchen, bis wir verstehen, wie und warum und wann es klappen wird; wir haben eine Abneigung, die erste Investition ohne eine Garantie vorzunehmen. Das mag in der Geschäftswelt einen Sinn ergeben, doch in Herzensangelegenheiten ist genau das Umgekehrte richtig: Nur indem wir zu Anfang ein wenig Vertrauen haben, können wir langsam etwas verstehen und auf eine neue Weise sehen. Riskieren Sie also etwas, im Glauben an die Fähigkeit des Lebens, Sie zurückzufordern und wiederherzustellen, auch wenn Ihnen dieser Glaube im Augenblick verlorengegangen ist. Glauben Sie daran, mit aller Macht, suchen Sie jeden Tag Möglichkeiten, wie Sie für sich selbst sorgen können, und bleiben Sie empfänglich. Allmählich wird sich Ihnen, während Sie geheilt werden, die Wirklichkeit der Heilung zeigen.

In ihrem Buch *Freedom from Nervous Suffering* erörtert Dr. Claire Weeks einen Zustand, den sie als die »zweite Angst« bezeichnet. Dabei handelt es sich um die Angst, die bestimmte Menschen empfinden, wenn sie merken, daß sie Angst bekommen. Sie haben Angst vor der Angst. Diese Angst ist *rekursiv*, das heißt, sie fürchten sich plötzlich, wenn sie Angst bekommen, zumal, wenn die Ursache der Angst nicht auf der Hand liegt, vor ihrer Angst. Und weil sie Angst vor ihrer Angst haben, erhält die Angst sich selbst. Das ist eine furchtbare Erfahrung; man kann sie sich kaum vorstellen, wenn man sie nicht selbst einmal durchlebt hat. Etwas Ähnliches kann mit anderen Gefühlen geschehen – mit negativen wie positiven: Wir können durch unseren Kummer betrübt werden, die Hoffnung verlieren im Laufe unserer Verzweiflung oder Depression, uns überschwenglich fühlen, wenn wir glücklich aufwachen. Dieser rekursive Aspekt der Gefühle folgt aus dem Umstand, daß wir Menschen uns selbst bewußt sind. Wir machen also nicht nur subjektive Erfahrungen, sondern wir sind uns bis zu einem gewissen Grade auch bewußt, daß wir sie haben, und diese Wahrnehmung neigt dazu, sich zu verstärken, ganz gleich, was wir sehen, wenn wir uns selbst betrachten. Wir sind komische Geschöpfe. Halb Säugetier, halb Spiegel.

Wenn uns nach einem großen Verlust die Verzweiflung packt, spülen Welle um Welle der Negativität über uns hinweg; es kann uns helfen, diesem Überfall auf unseren Geist standzuhalten, wenn wir uns daran erinnern, daß Emotionen rekursiver Natur sind. Nur auf diese Weise kann es möglich werden, den Unterschied zwischen dem schrecklichen Schmerz des Verlustes und dem Schmerz, der vom Schmerz selbst erzeugt wurde, zu erkennen.

Wir haben also den *ersten Schmerz* (den Verlust) und den *zweiten Schmerz* (Selbstverurteilung, verletzter Stolz, Wut darüber, in dieser Lage zu sein, »Hätte ich doch bloß«-Szenen, die im Geist immer wieder durchgespielt werden und so weiter). Der erste Schmerz gehört der Situation *ursprünglich* an; der zweite Schmerz ist *hinzugefügt*. Im ersten Schmerz sind wir verletzt; im zweiten Schmerz sind wir verletzt, weil wir verletzt sind. Der erste Schmerz ist Wut; der zweite Schmerz ist die Wut über unsere Wut.[1] Wie mein Freund Saviz es ein-

[1] Das Konzept des ersten Schmerzes und des zweiten Schmerzes hat weitreichende Folgen für die Krisenintervention und die Linderung menschlichen Leidens auf vielen Gebieten, etwa die Beratung in Fällen von Vergewaltigung, nach Todesfällen, Selbstmordprävention und -intervention, Drogenberatung und Beratung für Sterbende und die Familienangehörigen. Es gibt womöglich keinen Bereich im Gefühlsleben, in dem der rekursive Charakter des menschlichen Bewußtseins keine Rolle spielt, keine Krise, die dadurch nicht verstärkt wird. Die Fähigkeit, zwischen diesen

mal ausdrückte, als er mir half, einen besonders schweren Nachmittag durchzustehen. »Ja, es ist eine Tragödie – mach aber keine Katastrophe daraus.«

Er wollte mich nicht kritisieren. Vielmehr wollte er damit sagen, daß ich mir, obwohl man mich verletzt hatte, nicht selber wehtun müsse. Wir verletzen uns, wenn wir auf unseren Schmerz einwirken, entweder, indem wir versuchen, ihn wegzuschieben, oder indem wir uns derart in ihm verfangen, daß wir ihn größer machen als er ist. *Zwischen erstem und zweitem Schmerz zu unterscheiden, ist von grundlegender Bedeutung, weil es mir eine Möglichkeit gibt, den rekursiven Prozeß kurzzuschließen, nämlich sich bewußt zu werden, was geschieht.*

Möglicherweise hat die emotionale Leugnung einen gewissen Nutzen als Puffer, aber wir können nicht leugnen, was wir lange empfinden, ohne einen enorm hohen Preis dafür zu bezahlen. Wenn wir unsere Gefühle spüren, befreien wir sie, während die fortdauernde Leugnung diese Befreiung aufschiebt, woraus dann die zusätzliche Schuld des Aufschubs erwächst. Wir beginnen dann, gleichsam »Buch zu führen«, und früher oder später wird uns das, was wir leugnen, verfolgen. Unseren Schmerz anzuerkennen und auszudrücken, ist nicht das gleiche, wie sich an den Schmerz zu verlieren. Und darum ist die Unterscheidung zwischen erstem Schmerz und zweitem Schmerz so bedeutsam. *Den ersten Schmerz muß man anerkennen und zulassen; den zwei-*

Schmerzformen zu unterscheiden, damit man den sich selbst erhaltenden Prozeß unterbrechen kann, scheint eine *conditio sine qua non* der Heilung zu sein; zum Glück bereitet die Anwendung des Konzepts keine Schwierigkeiten. Man muß in dem betreffenden Augenblick nur eine ruhige Aufmerksamkeit für das aufbringen, was man empfindet, und die Bereitschaft, ehrlich zu sein, ohne Selbstmitleid, Märtyrerhaltung und andere schmerzliche Gefühle, die wir uns nur ungern eingestehen.

ten Schmerz muß man anerkennen und als unwichtig abschreiben. Warum? Weil der erste Schmerz sich selbst erschöpft, wenn man ihm natürlichen Ausdruck verleiht und liebevolle Aufmerksamkeit schenkt; er befreit uns, so daß wir weitergehen und unser Gleichgewicht wiederfinden können; der zweite Schmerz hingegen speist sich aus Aufmerksamkeit, hält sich selbst aufrecht und hält uns gefangen.

Man kann den Ausdruck des ersten Schmerzes und die Befreiung davon bei Kleinkindern wahrnehmen, ehe sie gelernt haben, den Eltern etwas vorzuspielen, um diesen zu Gefallen zu sein, und die natürlichen Gefühlsregungen erstickt werden. Wenn man ein Kind körperlich oder emotional verletzt, weint es. Punktum. Wenn die Quelle des Schmerzes rasch entfernt und das Kind einfach im Arm gehalten wird und *nicht abgelenkt oder unterbrochen* wird, hört es zu weinen auf. Schon bald richtet sich die Aufmerksamkeit des Kindes dadurch, daß das Gefühl wieder freigegeben ist, wieder interessanteren Dingen zu. Bei einem Kleinkind kann dieser Umschlag fast im Handumdrehen erfolgen: im einen Augenblick schreit es, im nächsten schluchzt es, und dann gluckst es und langt nach seinem Spielzeug. Der zweite Schmerz ist bei einem Kind dagegen besonders beunruhigend: Es ist verletzt und weint. Und wenn es sich dann ausgeweint hat, grübelt es, manchmal sehr lange, und verlängert den ursprünglichen Kummer zu einem ausgewachsenen Drama, um mehr von der Aufmerksamkeit zu erhalten, die es, wie es meint, sonst nicht bekommen würde. Es ist beinah so, als sei diese Erkenntnis zum Schmerz geworden, den das Kind nicht überwinden kann. Das Gefühlsleben eines solchen Kindes ist bereits durch bedrückende oder gar gewalttätige Erfahrungen verfälscht worden, wobei der natürliche, heilende Fluß der Gefühle und ihrer Befreiung umgelenkt worden ist. Man hat seine Aufmerksamkeit gleichsam als Geisel genommen. Und wie alt das Kind auch sein mag, es hat die Kindheit bereits verlassen.

23

Wenn wir uns unbewußt dem zweiten Schmerz hingeben, kehren wir alle Energien gegen uns selbst. Um unsere Rückkehr zur Ganzheit zu fördern, müssen wir lernen zu erkennen, daß wir im Begriff sind, uns in Gedanken und Gefühle des zweiten Schmerzes, etwa Selbstvorwürfe oder Selbstmitleid, hineinziehen lassen. Wir können diese Gefühle *als Gefühle* anerkennen, indem wir sie einfach nur wahrnehmen, genauso wie wir es mit Gefühlen des ersten Schmerzes tun, und dann weitergehen: »Ich habe wirklich Mitgefühl mit mir«, oder: »Was sich in mir im Augenblick abspielt, ist die Angst, daß ich immer allein bleiben werde« und so weiter. Sobald wir anfangen, an den Horrorgeschichten, die wir uns erzählen, festzuhalten, und die Selbstquälereien als das erkennen, was sie sind, ermöglicht uns eben diese Aufmerksamkeit, den »Kanal zu wechseln« und die Aufmerksamkeit etwas anderem zuzuwenden. Dazu ist ein wenig Übung erforderlich, aber wenn die Aufmerksamkeit keine neue Nahrung erhält, vergeht der zweite Schmerz rasch wieder von selbst. Wiederum gilt: Der erste Schritt besteht darin, *ruhig dazusitzen und aufmerksam* den Schmerz zu verfolgen, statt ihn wegzuschieben. Dadurch können wir bestimmen, ob wir den ersten Schmerz oder den zweiten erleben. Wenn uns bewußt wird, daß wir den ersten Schmerz spüren, dann können wir uns ihm ganz hingeben, ihn ganz und gar empfinden, bis er sich auf natürliche Weise erschöpft; wenn wir uns bewußt werden, daß wir den zweiten Schmerz empfinden, können wir das Gefühl anerkennen, unsere Aufmerksamkeit abziehen und uns anderen Dingen zuwenden.

Nehmen Sie beispielsweise an, Sie wachen eines Morgens besonders schlecht gelaunt auf. Sie fühlen sich matt, abgelenkt, ängstlich und depressiv – und zusätzlich zu dieser Bande von Störenfrieden spüren Sie ganz hinten in Ihrer Psyche den starken Wunsch, sich den Tag freizunehmen. Vielleicht wäre es besser, zum Strand zu gehen und eine Zeitlang am Meer zu sitzen. Gute Idee.

Aber nun wird's haarig, weil Sie wahrscheinlich nicht den Chef anrufen werden und sagen: »Es geht mir nicht gut, deshalb möchte ich heute freihaben und am Meer sitzen, wenn Sie nichts dagegen haben...« Sie überlegen, welche Folgen es haben könnte, wenn Sie sich ohne vernünftigen Grund freinehmen. Na ja, man könnte Sie rausschmeißen. Das fehlte gerade noch! Kein Zweifel, um die Sache über die Bühne zu bringen, müßte man lügen, und das tut man nicht, wie man uns seit frühester Jugend beigebracht hat. Also gibt es den ersten Konflikt, und dann noch einen Konflikt wegen des Konflikts. Möglicherweise finden in Ihrem Kopf mehrere Unterhaltungen gleichzeitig statt: Verurteilung: »Ich muß zur Arbeit; es gehört sich nicht zu lügen.« Angst: »Ich darf mich nicht so gehenlassen. Wenn ich die Stelle verliere, dann breche ich wirklich zusammen!« Schuldgefühl: »Was bilde ich mir eigentlich ein – mir einfach freizunehmen, nur weil mir danach ist? Man braucht mich im Büro.« Erschöpfung, Verwirrung: »Ich stehe diesen Montag einfach nicht durch – aber ich muß es!« Und so weiter. Wer kann sich da noch an die ursprüngliche Frage erinnern: Soll ich zum Strand gehen oder nicht?

Und wenn die Antwort auf diese Frage nun von der vorhergehenden Frage abhängt? Ist der Schmerz, den der freie Tag lindern soll, ein erster oder zweiter Schmerz? Was *genau* hat Sie verletzt, und wenn es gleich mehrere Dinge auf einmal sind, welcher Schmerz ist der drängendste? Spüren Sie das Gewicht einer zerstörten Hoffnung (einer Ehe, einer Beförderung, ewiger Gesundheit, was immer) oder ein Trommelfeuer von Verurteilungen, die darauf bestehen, daß Sie sich die Zerstörung dieser Hoffnung selbst zuzuschreiben haben? Eines wird Ihnen helfen, den Unterschied zwischen dem ersten und dem zweiten Schmerz zu erkennen – nämlich, wie Sie *sich fühlen, wenn Sie so tun, als sei der Schmerz nicht da.* Dies können Sie ausprobieren, indem Sie den Kopf heben und mit klarer, lauter Stimme etwas sagen wie: »Das wird mich *nicht* unterkriegen!« Wenn es sich um den ersten Schmerz handelt, werden Sie den Eindruck haben, als würden Sie das Blaue vom Himmel herunterlügen. Handelt es sich um den zweiten Schmerz, fühlen Sie sich ermutigt, vielleicht sogar etwas wagemutig. Dem Schmerz *zu widersprechen* kann seine Wesensart enthüllen. Möglicherweise sind ein paar Versuche nötig, um ein sicheres Gefühl dafür zu bekommen.

Eine andere, subtilere Art, den ersten vom zweiten Schmerz zu unterscheiden, besteht darin zu prüfen, wie es Ihnen geht, wenn Sie dem Schmerz nachgeben. *Gibt man sich dem ersten Schmerz hin, so entsteht das Gefühl, man muß sich der Sache verstärkt annehmen, was normalerweise unmittelbar eine emotionale Erleichterung mit sich bringt. Wenn man sich dem zweiten Schmerz hingibt, hat man das Gefühl, sich gehenzulassen und Energie zu vergeuden. Man hat dann den Eindruck, als kreise man ständig um sich selbst.* Wenn man den ersten Schmerz artikuliert, führt das außerdem zu einer Rückkehr des emotionalen Gleichgewichts und einer größeren Lebendigkeit, während der Sprung auf den Wagen des zweiten Schmerzes sogar die Gefühle der Verzweiflung und Hoffnungslosigkeit verstärkt. Wenn wir der Kränkung Ausdruck verleihen, die von einer echten Verletzung herrührt, lassen wir den Schmerz auf natürliche Weise frei; möglicherweise wird uns sogar, während wir uns davon lösen, bewußt, daß wir zu unserer emotionalen Mitte zurückkehren, an den Ort des Gleichgewichts und des Wohlbefindens. Wenn wir dem zweiten Schmerz nachgeben, geraten wir in eine sich selbst erhaltende Spirale der Negativität; es stellt sich keine Befreiung ein, es entsteht keine konstruktive Richtung. Es ist nichts weiter als ein böser Trip zu einem Mehr des Immergleichen.

Das Wort *Emotion* hat nicht zufällig dieselbe Wurzel wie das Wort *motion* [dt. Bewegung]. Gefühle bewegen sich ihrer Natur entsprechend; diese Bewegung ist so entscheidend für unsere Integrität und Gesundheit wie der Blutkreislauf oder das Atmen. Geben wir dem ersten Schmerz nach, so trägt das zum natürlichen Strömen der Emotionen bei, wohingegen das Nachgeben des zweiten Schmerzes dieses Strömen behindert, indem es uns in selbsterhaltender Verzweiflung einsperrt.

Kehren wir zu der Frage zurück, ob Sie »blaumachen« sollen oder nicht: Wenn Sie erkannt haben, daß Sie den ersten Schmerz verspüren, rufen Sie im Büro an, tischen Ihre Notlüge auf und gehen zum Strand, da Sie wissen, daß Selbstfürsorge wichtiger ist, als sich mechanisch einem Prinzip zu unterwerfen, demzufolge man nie etwas behaupten darf, das nicht der Wahrheit entspricht. Wenn Sie dann am Strand sind, können Sie sich mit der Erkenntnis trösten, daß Sie zu Recht gehandelt haben: Es ist wichtiger, ein gebrochenes Herz zu heilen, als die montägliche Tagesordnung abzuhaken. Wenn Sie andererseits erkannt haben, Sie fühlen den zweiten Schmerz, lehnen Sie es ab, sich ihm hinzugeben. Anerkennen Sie ihn statt dessen als das, was er ist, bemerken Sie ihn und gehen Sie ins Büro. Vergessen Sie nicht: Wenn man dem ersten Schmerz nachgibt, macht einen das stark – Sie *fühlen* sich stärker; gibt man sich dem zweiten Schmerz hin, bekommt man das Gefühl, festzusitzen. Auch das Umgekehrte trifft zu. Wenn man sich dem Ausdruck des ersten Schmerzes verweigert, entsteht das Gefühl, festzusitzen, weil man den Gefühlen verweigert, daß sie sich weiterbewegen; wenn man den Ausdruck des zweiten Schmerzes unterdrückt, meint man, sich aufwärts und hinaus zu bewegen. Immer gilt jedoch: Beruhigen Sie sich, holen Sie tief Luft, bis hinab zum Magen, und achten Sie auf Ihr Herz – im wörtlichen Sinne, den Gefühlsbereich in der Mitte Ihres Brustkorbs. Der erste Schmerz steigt, wenn er nicht behindert wird, spontan auf und artikuliert sich mit einer gewissen Überzeugungskraft. Sie müssen diese Rolle nicht erst spielen. Anerkennen

Sie den Schmerz, nehmen Sie ihn an, lassen Sie ihn zu, lassen Sie ihn das Schlimmste tun, lassen Sie ihn los. Suchen Sie, falls nötig, Unterstützung durch die Familie oder durch Freunde, lecken Sie Ihre Wunden – aber lassen Sie nicht zu, daß man Ihnen neue Wunden zufügt, damit Sie sie lecken können. Wenn Sie diesem einfachen Vorgang, sich selbst zu beruhigen, folgen, den ersten bzw. zweiten Schmerz identifizieren und angemessen darauf reagieren, werden Sie merken, daß Sie die natürliche Bewegung Ihrer Gefühle zusehends bewußt wahrnehmen und alles, was kommt, geschickt bewältigen.

Die Augenblicke, in denen wir unsere Rückhaltlosigkeit spüren, bringen unser bestes Selbst hervor. Leider wissen wir das mitunter erst zu schätzen, wenn sich ein Verlust einstellt. Doch selbst in diesem Augenblick, mitten im Zerbrechen unseres Herzens, suchen wir im Grunde nach etwas in unserem Inneren, das wir nicht verlieren können, auch wenn wir es eine Weile aus den Augen verloren haben. *Erkennen Sie, daß Sie nie das wunderbare Selbst verloren haben, das Sie sind, und daß Sie es nie verlieren werden.* Dieses Selbst besitzt eine größere Vitalität, als Sie sich vorgestellt haben. Öffnen Sie sich, damit Sie die Gegenwart dieses Gefühls in sich erleben. Das ist Ihr Schwung, das Gefühl Ihrer Identität und Ihr stärkster Verbündeter. Sogar die einfache Bereitschaft, dieses Selbst neu zu entdecken, wird allmählich die mit dem Verlust einhergehende Enge lindern.

So schwer es auch zu glauben ist – ich behaupte, daß alles möglich ist –, nicht nur die eine glückliche Lösung, die Ihnen vielleicht vorschwebt, sondern Hunderte, Tausende bessere Möglichkeiten. Diese Aussage klingt nach gedankenlosem Optimismus, ich weiß – und in gewisser Weise ist sie auch gedankenlos, aber sie ist nicht herzlos. Diese Aussage stimmt dennoch, ob Sie der Behauptung nun Glauben schenken oder nicht. Wie soll man an die Zukunft glauben, wenn es unsere ganze Kraft erfordert, aufzustehen, sich anzuziehen und die einfachsten

Aufgaben zu bewältigen? Und dennoch wird dieses Bewußtsein nur durch die emotionale Qual blockiert, die Sie durchleben, und vergessen Sie nicht: Gefühle sind keine Fakten. *Das Gefühl, daß nichts möglich ist, daß alles verloren ist, ist zweiter Schmerz.* Das Leben bietet uns stets Möglichkeiten, Wege zur Rechten und zur Linken, und meist noch Hunderte in der Mitte. Vielleicht spüren Sie das im Augenblick nicht, aber Sie werden es schon bald spüren, wenn Sie wenigstens ein wenig bereit sind, zu bedenken, daß mehr an Ihnen ist, mehr an Ihrem Leben, als das, was Sie gegenwärtig durchleben. Wenn Sie sich vom Verlustschmerz lösen und Ihre Aufmerksamkeit nicht mehr der Tatsache gilt, daß man Sie verletzt hat, sondern daß Sie am Leben sind, wird das Gefühl, daß es neue Möglichkeiten gibt, zu neuem Leben erwachen. *Möglichkeiten eröffnen sich uns, wenn wir fähig sind, uns für sie empfänglich zu machen.* Ich wünschte, es gäbe eine Abkürzung, aber wir können nicht empfangen, wofür wir uns nicht geöffnet haben. Die Offenheit für Möglichkeiten ist die Intention des Wachsens, der Anfang aller Welterfahrung. Vergessen Sie nicht: Ganz gleich, wie Sie sich fühlen, alles ist möglich.

3

Wir alle haben Erfahrungen gemacht, die uns verletzt haben und nach denen wir uns minderwertig und wertlos gefühlt haben. In der Kindheit wurden selbst unsere natürlichen Impulse im Laufe der Sozialisation zensiert. Von frühauf haben wir gelernt, daß wir die Erwartungen derjenigen zu erfüllen haben, von deren Liebe wir abhängig waren. Sehr oft entzog man uns diese Liebe, so daß wir uns schuldig, beschämt und zurückgewiesen fühlten. Rasch lernten wir, »brav« zu sein, damit wir Liebe erhielten, und dabei verloren wir dann die Verbindung zu der einzigen Person, deren Liebe uns am wichtigsten sein muß: zu uns selbst. Während meiner Tätigkeit als Collegeprofessor war ich immer wieder erstaunt, wie schwer es den Studenten fiel, Lob anzunehmen, insbesondere vor anderen. Selbst in Fällen, da das Lob offensichtlich berechtigt war, sahen sie zu Boden, brachten Entschuldigungen vor, fühlten sich sichtlich unbehaglich. Die wenigen Studenten, die ein »Danke« herausbrachten, wären an diesem Wort fast erstickt. Sie brachten es einfach nicht über sich, emotional das wahrzunehmen, was an ihnen begabt, schön oder brillant war. Dies war weit mehr als nur Befangenheit vor der Gruppe, sondern unverkennbar eine tiefsitzende *Unfähigkeit* zu *sehen*, daß sie tatsächlich wunderbare Eigenschaften besaßen. In den meisten Fällen schien diese Schwierigkeit der – weitgehend ungeprüften – Überzeugung zu entstammen, daß es falsch sei, sich selbst zu schätzen, daß etwas Arrogantes daran sei. Die Lehre, es sei schlecht, die eigene Güte zu feiern, rät uns auch, daß wir nach außen schauen müssen, um Bestätigung, Zustimmung und Wertschätzung zu erfahren. Das erstaunlichste an der Sache war: Wenn wir so etwas erfuhren, befahl uns ein ungeschriebenes Gesetz, es auf der Stelle zurückzuweisen. Sind wir dann junge Erwachsene, haben wir diese Selbstzurückweisung ausführlich geübt. Auf freudsche Art glauben wir vielleicht, daß das Selbst eine Quelle verdrängter und dunkler Triebe ist, die ringsum Gewalt und Verderben bringen, wenn sie nicht vom Gewissen im Zaum gehalten werden. Also kann man sich selbst nicht trauen. Wir haben uns verloren. Wenn man diesen selbstzerstörerischen Glauben mit der emotionalen Kraft eines ernsthaften Verlustes multipliziert, dann ergibt das einen Menschen, der mit aller Macht gegen ein tiefgehendes Gefühl des Versagens, ja sogar abgrundtiefer Wertlosigkeit ankämpft. Und dann wundern wir uns, warum jemand, der seit Jahrzehnten ein derart gewalttätiges Selbstbild mit sich herumschleppt, plötzlich ausrastet und Amok läuft.

Wieviel dieser Gewalttätigkeit gegen sich selbst und andere ließe sich verhindern, wenn wir begriffen, daß Gefühle keine Tatsachen sind! Während wir auf dem Weg zur Ganzheit weitergehen, sehen wir, daß unsere Kurzschlußreaktionen auf unsere Gefühle dazu beigetragen haben, viele der schmerzlichen Situationen herbeizuführen, von denen wir dann später glaubten, man hätte sie uns zugefügt. Es ist möglich, Gefühle anzuerkennen und *darauf zu antworten*, statt bloß zu reagieren. Es ist möglich, zuzusehen, wie ein starkes Gefühl entsteht, seinen Höhepunkt erreicht, nachläßt und schließlich wieder vergeht. Wenn wir üben, auf unsere Gefühle als Gefühle achtzugeben, erkennen wir allmählich, daß *wir unsere starken Gefühle erleben können, ohne loszuspringen und uns in ihnen zu verlieren.* Hier ein grundlegendes Prinzip für die emotionale Genesung:

Leiden entsteht aus der *Identifikation* mit schmerzlichen Gefühlen, Gedanken und Empfindungen.

Unsere Gefühle und die damit einhergehenden körperlichen Empfindungen mit Anteilnahme zu beobachten – ein enges Gefühl in der Brust, kribbelige Hände, ein Kloß im Hals, was immer , sie ohne irgendeine Form der Bewertung wahrzunehmen, ist viel leichter, als es klingt. Sie müssen lediglich diese einfache Anweisung befolgen:

Halten Sie inne. Atmen Sie. Seien Sie aus dem Herzen heraus aufmerksam. Nehmen Sie sanft alle Gefühle wahr, die sich Ihnen zeigen. Beobachten Sie, wie die Gefühle kommen. Beobachten Sie, wie sie gehen. Lösen Sie sich von ihnen.

Dies führt sowohl beim ersten wie beim zweiten Schmerz zum Erfolg; der einzige Unterschied besteht darin, was wir wahrnehmen, während wir »die Gefühle sanft wahrnehmen«. Lassen Sie sich Zeit für jeden Schritt. Die Wirkung ähnelt ein wenig dem alten Trick, bis zehn zu zählen, wenn Sie Gefahr laufen, einen Wutanfall zu bekommen. Das *Innehalten* unterbricht den Schwung lange genug, damit wir *vom Herzen aus achtgeben* können und ein Gespür dafür entwickeln, was in unserem Innern abläuft. Entscheidend ist dabei, daß man dies *vom Herzen aus* tut: Dies ist ja keine Übung in abstrakter, analytischer Selbstbeobachtung, sondern eine Bewegung hin zur Mitte des Gefühls, das sich tatsächlich im Brustbereich aufspüren läßt. Nur vom Herzen her ist es möglich, *sanft* wahrzunehmen, was wir fühlen, Emotionen und körperliche Empfindungen eingeschlossen, sie anzuerkennen und zu bestätigen, ohne sie zu bewerten oder sich mit ihnen zu identifizieren. Die unbewußte Identifikation mit dieser Art der ungeteilten Wahrnehmung vermittelt uns die nötige Distanz, damit wir einen Schritt von dem Gefühl zurücktreten können, ohne es zu leugnen. Alle Gefühle vergehen; sie unterliegen dem Gesetz des Wandels – ja mehr noch: *sie verändern sich von Augenblick zu Augenblick*. Langlebig werden sie nur dadurch, daß wir uns mit ihnen identifizieren. Wenn wir beobachten, wie sich ein Gefühl wandelt, und besonders, wenn seine Intensität allmählich nachläßt, können wir zu seinem Vergehen beitragen, indem wir einfach mit diesem natürlichen Vorgang zusammenarbeiten, indem wir nicht daran festhalten, keinen Widerstand leisten, indem wir uns lösen und das Gefühl spüren. Dann können wir, in der Klarheit und Offenheit dieses weiteren, in unserem Herzen aufsteigenden Bewußtseins wählen, was uns in der Situation wirklich wichtig ist und darauf eingehen. Die Bewegung vom Leiden zur Ganzheit ist – mehr als alles andere – ein Prozeß der vorbehaltlosen Selbstschätzung, der uns gestattet, unserer Gefühle als Gefühle bewußt zu werden, und zu wählen, ob wir uns mit ihnen identifizieren wollen oder nicht, das heißt, ob wir uns nach ihnen richten, sie *verkörpern* wollen. Indem wir auf diese Weise Bewußtsein erlangen, können wir die Kurzschlußreaktionen auf unsere Gefühle durch Antworten ersetzen, die von Herzen kommen und die uns mit unserer ungeheuren inneren Integrität in Verbindung halten.

Die Entfaltung dieses Bewußtseins ist einfach nur eine Frage der Aufmerksamkeit. Wenn wir uns in etwas verheddern, übersehen wir normalerweise eine Menge, was sich ganz in der Nähe abspielt. Wir gehen höchst selektiv vor, wobei wir alles außer Betracht lassen, was außerhalb des unmittelbaren Zieles liegt. »Wenn ein Taschendieb einen Heiligen trifft«, sagt das Sprichwort, »dann sieht er dessen Taschen.« Auf dieselbe Weise haben wir es uns vielleicht so sehr angewöhnt, uns mit dem Rauschen unserer Gedanken und Gefühle zu identifizieren, daß es uns kaum in den Sinn kommt, ihnen einfach Beachtung zu schenken, ohne uns mitten ins Getümmel zu stürzen, den Verkehr einfach vorbeifließen zu lassen, ohne jemanden anzuhalten. Wenn also Wut in uns aufsteigt, ist es möglicherweise unsere Gewohnheit, uns damit zu identifizieren und zu reagieren: »*Ich bin* wütend.« Wenn das sexuelle Begehren erwacht, reagieren wir: »*Ich bin* angetörnt.« Wenn die Angst kommt, reagieren wir: »*Ich habe* Angst.« Man sieht: Dieses »Ich bin dies, ich habe jenes« – die Identifikation des Selbst mit dem Gefühl – stellt sich sofort ein. Selten nur nehmen wir eine ruhige Haltung ein, im einfachen Bewußtsein, daß das Gefühl uns *umgibt*. Statt dessen werden wir von unseren Gefühlen *erobert* und identifizieren uns mit ihnen mit der Geschwindigkeit unserer Gewohnheit, die wir nicht überprüft und unzählige Male verstärkt haben. Erst wenn wir damit anfangen, auf alles, was in uns und um uns herum vorgeht, sorgfältig achtzugeben, unsere Gefühle aus liebevoller Distanz kommen und gehen lassen, können wir allmählich unsere wirkliche, unverbrauchte Identität wahrnehmen. Sonst werden wir weiterhin reagieren und immer wieder reagieren – alles wie gehabt, unfähig, die Grenzen unseres Eigensinns zu sprengen. In diesem Fall werden wir weiter leiden.

Sich in Bewußtsein zu üben heißt, seine Traurigkeit zu beobachten, ohne traurig zu werden. Das heißt, diesem Gefühl zuzusehen, bis es vergeht, um etwas über das Wesen dieses starken Gefühlszustandes zu verstehen, um allmählich erkennen zu können, daß wir mit dem Gefühl nicht identisch sind. Daher nehmen wir die Traurigkeit einfach wahr, mehr nicht, mit aufmerksamem, nicht wertendem, nicht identifizierendem Bewußtsein. »Die Traurigkeit ist da«, nicht »Ich bin traurig«. Dann wird uns allmählich klar: Wir *erleben*, daß wir etwas Größeres sind als irgend etwas, was wir vielleicht erfahren. Wir sind die *Erfahrenden*. Wir *müssen* uns *nicht* mit dem endlosen Kommen und Gehen, dem unbarmherzigen inneren Aufruhr identifizieren. Wir müssen uns an nichts davon klammern. Wir haben die Wahl. Und eine Wahl zu haben heißt, nicht leiden zu müssen.

4

Zu den Paradoxien des menschlichen Lebens zählt, daß zwar jeder von uns ein souveränes Wesen mit einem einzigartigen Standpunkt und einem persönlichen Terrain ist, wir aber im Grunde nicht völlig individuell sind. In jedem von uns gibt es ein Pantheon von Göttern und Göttinnen, einen Pöbel von Krawallmachern und Querulanten, einen Kader von Feiglingen und Superhelden. Anders als es das Sprichwort sagt, stimmt es nicht, daß wir allein geboren werden und allein sterben. Niemand wird ohne eine Mutter geboren, die das Kind in großer Nähe umsorgt; unsere Kindheit verbringen wir im Beisein derjenigen, die uns großziehen, ernähren und nähren, wie gut oder schlecht auch immer; später finden wir in der Schule Lehrer und Freunde; als Erwachsene finden wir Gelegenheit, andere Formen der Intimität auszuprobieren. Der Geist selbst, mit dem wir uns meist identifizieren, umfaßt ein Selbst, das aus dem Inneren zu uns spricht, und ein Selbst, das in einem ständigen inneren Monolog zuhört und antwortet. In diesem Sinn ist der Geist eine Art Zimmergenosse, zu dem wir heimkehren, wenn wir den Blick nach innen richten. Es mag sogar sein, daß uns der Tod vielleicht über die Beschränkungen der irdischen Erfahrung in weitere, exklusivere Reiche der Zusammenhänge führt. Mitunter mögen wir uns vielleicht völlig allein *fühlen*, doch wir sind nie ganz von anderen abgeschnitten.

Auf Ihrer Reise durch den Übergang vom Leiden zu größerer Ganzheit können Sie sich zur Linderung Ihres Kummers zahlreicher Quellen bedienen. Möglicherweise hat Ihnen das Leben fürsorgliche Freunde und eine Familie geschenkt, außerdem Anleitung in Gestalt von Büchern, Selbsthilfegruppen und anderen Hilfsmitteln, die Ihnen in dieser Zeit des Verlustes beistehen. Öffnen Sie sich ihnen. Wenn Sie sich nämlich nach innen wenden, hin auf ein tieferes und klareres Bewußtsein für Ihre Identität, müssen Sie sichergehen, daß Sie sich nicht von jenen äußeren Spiegeln abschneiden, die Ihnen Bilder Ihrer inneren Stärke, Widerstandskraft und Ihres Wertes entgegenhalten. Vergessen Sie nicht: Die Übung der inneren Wahrnehmung – Innehalten, Atmen, aufmerksam sein, die Gefühle erkennen und so weiter – muß auf sanfte Weise durchgeführt werden. Wir beobachten uns nicht mit dem Geist, sondern mit dem Herzen. Wie läßt sich dieser Unterschied erkennen? *Wenn wir in unserem Geist sind, enden wir bestenfalls damit, recht zu haben.*

Wenn wir unser Herz sprechen lassen, gelangen wir schließlich im Zuhause der Gegenwart an.

Wenn wir uns jeden Tag etwas Zeit nehmen und üben, unsere Gefühle als Gefühle wahrzunehmen, uns dem ununterbrochenen Strom der inneren wie äußeren Erfahrung zuzuwenden, statt mechanisch und gewohnheitsmäßig zu reagieren, verstehen wir allmählich, daß die Welt in uns und um uns herum kein Schleier blinder Kräfte ist, sondern ein System, das von schwer erkennbaren Gesetzen der Polarität, der Umkehrung und des Gleichgewichts regiert wird. Das *Tao-te-King*, ein alter chinesischer Text, liefert uns praktische Kenntnisse dieser Gesetze, von denen eines als das »Gesetz der Gegensätze« beschrieben wird. Dem Autor des Textes zufolge, Laotse, der 500 Jahre vor Christus zur Welt kam, ist alles unter dem Himmel diesem Gesetz unterworfen. Das heißt: Alles beginnt, wächst bis zum Punkt der Reife oder Fülle und vergeht. Sobald irgend etwas ein äußerstes Maß irgendeiner Art erreicht, folgt mit Sicherheit die Umkehrung ins Gegenteil. »Hohe Winde dauern nicht den ganzen Morgen, schwere Regen dauern nicht den ganzen Tag«, lehrt Laotse. Wie die Gezeiten des Meeres beherrschen auch in der menschlichen Erfahrung Ebbe und Flut den natürlichen Gang der Dinge. Träfe dies nicht zu, wären unsere schlimmsten Emotionen ein ständiges Gefängnis und kein noch so klares Bewußtsein würde uns aus dem Leiden befreien.

Das Gesetz der Gegensätze besagt: Wenn wir versuchen, irgendeine Schlußfolgerung zu erzwingen, erzeugen wir, ohne es zu wissen, widersprüchliche Ergebnisse. Wollten Sie sich schon einmal an den Namen eines Fernseh- oder Filmschauspielers erinnern und mußten dabei feststellen, daß Ihnen der Name um so schwerer einfiel, je angestrengter Sie nachdachten? Wenn man es einfach aufgibt, fällt uns der Name oft binnen Minuten ein. Noch ein Beispiel: Stellen Sie sich jemanden vor, von dem Sie wissen, daß er nicht gut zuhören kann, der meistens so beschäftigt damit ist, über sich zu sprechen, daß er kein Interesse an dem hat, was Sie zu sagen haben. Erzeugt diese einseitige Inanspruchnahme Ihrer Aufmerksamkeit bei Ihnen nicht einen Widerwillen, sie dem anderen zu schenken? Andererseits hat jemand, der gut zuhören kann, eine aufmerksame Zuhörerschaft. Indem wir drängen, beharren, erzwingen, erzeugen wir den Gegensatz von dem, was wir uns wünschen. Indem wir loslassen, uns öffnen, geduldig sind, laden wir die Welt ein, zu uns zu kommen. »Die Natur haßt jedes Vakuum«, schrieb der Philosoph Spinoza, der das Gesetz der Gegensätze im gesamten physischen Universum am Werke sah. Die Welt bringt die Extreme ins Gleichgewicht. Jedes Auf beinhaltet ein Ab. Man findet keinen Zehndollarschein, den nicht ein anderer verloren hat. Es gibt viele andere Beispiele.

Bescheidenheit lädt zum Lob ein.
Prahlerei lädt zum Tadel ein.
Anstrengung führt zum Wunsch nach Ruhe.
Lust und Schmerz (die Extreme) vergehen.
Straftaten fordern zur Gerechtigkeit auf.
Wer einem anderen dient, dem wird gedient.
Wer keine Kompromisse begeht, verliert an Boden.
Wer Nachsicht übt, dem wird vergeben.

Wenn Sie still in Ihrem Herzen verweilen und Ihren Gefühlen Aufmerksamkeit schenken, werden Sie Extreme wahrnehmen. Der persönlichen Horrorshow beizuwohnen ist das schwerste überhaupt – sicherlich gibt es *irgend etwas*, damit diese schrecklichen Gedanken und Gefühle verschwinden! Aber wenn Sie ganz genau hinsehen, werden Sie zwischen den Extremen die leeren Stellen, die Stimmungen, die sich wandelnden Gefühlszustände wahrnehmen. Das Zeug, das durch unser Bewußtsein rast, ist nicht bloß da; es steigt und fällt ständig, in jedem Augenblick. Und selbst der schmerzlichste

Inhalt wird *verschwinden, wenn Sie ihm keinen Wider-*
stand leisten. Wie kommt das? Dem Gesetz der Gegensätze zufolge verstärkt jeder Widerstand die Kraft, der er
sich widersetzt. Wenn wir zusehen, wie die Stücke unseres zerbrochenen Herzens ringsum zu Boden fallen, ist es
gar nicht leicht, sich dem Widerstand gegen die Angst
und den Schmerz zu entziehen. Da stehen Sie nun, haben
das Gefühl, als hätte man Sie gerädert und geviertteilt,
und ich sage Ihnen, Sie sollen atmen, loslassen und sich
entspannen. Aber wenn Sie reglos in den Flammen sitzen, können Sie immer noch den Ort finden, aus dem
diese Art der Wahrnehmung stammt. Wenn Sie sich –
und wenn auch nur einen Moment lang – eher mit dem
Erfahrenden statt mit der Erfahrung identifizieren können, dann werden Sie den Widerstand als fehlgeleitete
Bemühung erkennen, die sich nur gegen Sie richtet.
Wenn wir alles Erdenkliche getan haben, um einen Verlust zu verhindern, dieser aber dennoch über uns gekommen ist, dann können wir Unterstützung beim Gesetz
der Gegensätze und Trost in dem Wissen finden, daß wir
– da sich alle Ereignisse im Fluß befinden – nichts tun
müssen, um etwas zu ändern.

Wir können also Ermutigung aus der Tatsache ziehen,
daß das Chaos zum Gleichgewicht zurückkehren wird,
wenn man sich dem Gang der Dinge überläßt, daß sie
ihren richtigen Platz finden und daß wir diesen Prozeß
unterstützen, wenn wir unseren Emotionen freundliche
Aufmerksamkeit schenken, statt gegen sie anzukämpfen
oder sich mit ihnen zu identifizieren. In einer großen
Traurigkeit läßt, wenn man die natürliche Entfaltung der
Dinge bedenkt, die Befreiung auf sich warten – sie wartet
auf die Verschiebung der bewußten Wahrnehmung, die
sie voranbringen wird. So gesehen ist das Leiden eine
außergewöhnlich gute Gelegenheit zur Selbstheilung
und zur Erlangung einer neu gefundenen Integrität,
Artikulationsfähigkeit und Identität. Wie Marcel Proust
in seinem Meisterwerk *Auf der Suche nach der verlore-*

nen Zeit schrieb: »Wir werden von einem Leid nur geheilt, wenn wir es ganz durchlebt haben.«

Hier nun eine Übung, die Sie durchführen können, um aus gewohnheitsmäßigen Reaktionen auszubrechen und das Gesetz der Gegensätze bewußt und schöpferisch zu nutzen. So können Sie auf alte Probleme auf neue Weise antworten: Wenn Sie das nächste Mal den starken Wunsch verspüren, auf etwas in bestimmter Weise zu reagieren, halten Sie inne, verschieben das Bewußtsein zum Herzen, anerkennen das Gefühl als Gefühl, holen tief Luft und antworten auf die *entgegengesetzte* Weise. Angenommen, Sie sind im Büro und Ihr Chef wirft Ihnen arrogant einen Auftrag auf den Schreibtisch – etwa, ihm einen bestimmten Bericht zu holen. Der Drang zu reagieren, indem man beleidigt ist, mag sofort dasein, deshalb müssen Sie nur innehalten und tief Luft holen, wenn Sie die Übung durchführen wollen. Wenn dann das Gefühl, beleidigt worden zu sein, kommt, *schieben Sie es nicht weg*. Nehmen Sie es wahr, und holen Sie dann noch einmal tief Luft. Worin bestünde die *entgegengesetzte* Reaktion? Sie könnten Ihren Chef anlächeln und sagen: »Kann ich Ihnen noch etwas aus dem Keller besorgen?« Gehen Sie spielerisch vor und behalten Sie im Sinn, daß Sie aufrichtig sein müssen, da sich die ganze Sache sonst gegen Sie kehren wird. Und Sie können aufrichtig sein, wenn Sie diese Schritte durchführen: Halten Sie inne, verschieben Sie das Gefühl zum Herzen, nehmen Sie es wahr, lassen Sie es kommen und gehen. Sie *können* eine andere Antwort wählen als die naheliegende. Es ist nicht so wichtig, wenn man sich beleidigt fühlt. Beobachten Sie, was passiert. In einer Welt, in der Egoismus und eine hastige Identifikation des Selbst mit allen möglichen Gefühlszuständen die Regel ist, wirkt eine nachdenkliche, bewußte Antwort fast immer völlig unerwartet. Wenn Sie Ihr Ziel im Gedächtnis behalten und davon Abstand nehmen, in die emotionale Falle zu tappen, sich mit dem Gefühl des Beleidigtseins zu identi-

fizieren, sondern es statt dessen einfach nur wahrnehmen, werden Sie wahrscheinlich schon bald in den Menschen in Ihrer Umgebung eine Veränderung erkennen,
da sie die starke Aufforderung spüren, auf neue Weise zu
antworten. Indem Sie sich von Ihren unbewußten Reaktionen fernhalten, liefern Sie das lebende Beispiel, das es
den anderen leichter macht, sich ihrerseits von unbewußten Reaktionen fernzuhalten. In einem solchen
Klima der Ermutigung werden die anderen wahrscheinlich auf Ihre Seite wechseln. Und wenn nicht, dann haben
Sie immer noch gewonnen. Wenn wir beleidigt reagieren, provozieren wir in den anderen schließlich lediglich
eine abwehrende Reaktion, indem wir ihnen die Rechtfertigung liefern, auf die sie es von Anfang an abgesehen
hatten. Dabei gewinnt niemand. Wenn wir hingegen
antworten, indem wir uns weigern, beleidigt zu reagieren, ermutigen wir die anderen, unserem Beispiel zu folgen. Die sich steigernde Spannung und Feindseligkeit
werden dadurch umgangen, und zwar nicht, indem wir
andere ändern, sondern indem wir uns selbst ändern.
Wir sollten uns daran erinnern, daß wir nicht beabsichti-
gen, einen anderen zu rehabilitieren, sondern unsere Fähigkeit zu erfahren und zu stärken, in der Hitze des
Augenblicks unserer Gefühle bewußt zu werden, sie anzuerkennen, zuzusehen, wie sie kommen und gehen, und
eine andere Antwort zu wählen. Das Ziel ist unsere eigene Befreiung. Wählen Sie also weiterhin, soweit es
geht, zu antworten, statt nur zu reagieren. Atmen und
beobachten Sie: Es wird sich etwas Neues in Ihrer Erfahrung zeigen, möglicherweise auch bei den Menschen in
Ihrer Umgebung, ohne daß Sie auch nur ein Wort darüber verlieren. Und wenn Sie doch hineingezogen werden und sich mit der Feindseligkeit in der Situation identifizieren, kehren Sie zum Herzen zurück und reagieren
mit Anteilnahme. Reagieren Sie nicht feindselig auf Ihre
Feindseligkeit.

Denken Sie daran: Ihr Bewußtsein funktioniert rekursiv: Gefühle, die positiven wie die negativen, neigen dazu, sich durch die Aufmerksamkeit, die wir ihnen schenken, zu verstärken. Gewiß, vielleicht haben wir nur einen geringen Einfluß auf das, was wir in einem bestimmten Augenblick fühlen, aber wir können eine Menge darüber sagen, wie wir auf das, was wir fühlen, *antworten*. Und wir können uns selbst verletzen oder uns durch das helfen, worauf wir unsere Aufmerksamkeit lenken, durch das, was wir bedeutend machen. In dem obigen Beispiel können wir uns auf den Schmerz, auf das Beleidigtsein und die Enttäuschung konzentrieren. Wir können uns mit dem Leben weiter einen Kampf bis aufs Messer liefern, weil es uns so unfair behandelt. In dieser starren und miserablen Verfassung – ob wir dem Chef nun sagen, wohin er sich scheren soll oder nicht – knirschen wir aber schließlich nicht nur mit den Zähnen, sondern knirschen mit ihnen aufgrund der Tatsache, daß wir wieder einmal mit den Zähnen geknirscht haben – wir geraten in ein rekursives Trudeln. Oder wir können den Kanal wechseln, die emotionale Sackgasse verlassen und uns »öffnen«, damit wir das Leben auf eine Weise artikulieren, daß es diesmal unterstützt wird. In diesem Fall sind wir am Ende durch die eigene Vitalität voll neuen Lebens – wir geraten sozusagen in einen rekursiven Aufwind. Wenn wir üben, uns zu entspannen, und unser Bewußtsein durch Mitgefühl für unsere schwierige Lage öffnen, stellen wir fest, daß wir diese Rekursivität als Tau benutzen können – und zwar nicht, um uns in die Tiefe des Leidens hinabzulassen, sondern um uns hoch- und hinauszuziehen. Wir sind frei, einen Himmel oder eine Hölle auf Erden zu schaffen. Das jedenfalls hängt von uns ab.

Versuchen Sie sich vor allem daran zu erinnern, freundlich zu sich zu sein. Werden Sie nicht wütend auf sich, weil Sie wütend sind, und verurteilen Sie sich nicht, weil Sie auf einen Vorfall reagiert haben. Irgendwo müssen Sie sozusagen aus dem rekursiven Bus aussteigen, wenn Sie nach Hause kommen wollen, zu Ihrem wunderbaren, sich erweiternden Selbst. In jedem Augenblick, da Sie sich bewußt werden, daß Sie Ihr Ziel aus den Augen verloren haben, da Sie erkennen, daß Sie sich wieder mit dem leidenden Selbst identifizieren, verschieben Sie Ihre Aufmerksamkeit zum Herzen. Diese einfache Übung zur Erlangung eines gesteigerten Bewußtseins unterbricht die rekursiven Irritationen, die uns der Geist offenbar immer wieder mühelos zufügen kann, insbesondere wenn wir bedrückt sind. *Wir können die Wut nicht dadurch beenden, daß wir wütend werden, sondern nur dadurch, daß wir sie in Mitgefühl auflösen.* Wir können das Gefühl, man habe uns betrogen, nicht lindern, indem wir uns selbst mit irgendeiner selbstauferlegten Verpflichtung, etwas zu vergeben, verraten. Wir können die schreckliche Enge eines solchen Gefühls nur lindern, indem wir eine emotionale und geistige Geräumigkeit schaffen, indem wir dem Gefühl vergeben, es annehmen und ihm gestatten, auf natürliche Weise zu vergehen. Sich in die entgegengesetzte Richtung zu bewegen, ist eine wunderbare, mitunter rettende Technik. *Indem wir der Enge unseres Leidens sanfte Aufmerksamkeit schenken, stellen wir fest, wir haben genug Raum, um darüber hinausgehen zu können.*

Als ich vor Strafgefangenen in einem Gefängnis in Florida Philosophie unterrichtete, lernte ich einen Gefangenen kennen, der während seiner Haft eine ungeheure Menge dieser Art innerer Weite angesammelt hatte. Nicht nur hatte sein Selbstgefühl nicht unter der Angst und Grausamkeit gelitten, die dem Strafrecht innewohnt, sondern er schien sogar unter diesen widerigen Umständen aufzublühen. Er war großgewachsen, muskulös, ungefähr Mitte Zwanzig; ich nenne ihn B. K. Er sagte nie viel während des Unterrichts, zeigte aber stets ein feines, anerkennendes Lächeln und hörte aufmerksam zu. Eines Abends, als wir draußen standen und zum wunderschönen Abendhimmel hinaufsahen, näherte sich ihm ein Wärter, der ihm befahl, die Zigarette auszudrücken. B. K. sah den Mann an, ließ die Zigarette fallen und drückte sie mit den Hacken aus. Der Wärter sagte, er solle nach drinnen gehen; B. K. drehte sich gehorsam um.

»Warten Sie mal«, sagte der Wärter, der merkte, daß er B. K. nicht provozieren konnte, »ich kann Ihnen Haftbeschränkungen auferlegen.«

B. K., der weiter in den Himmel blickte, antwortete: »Sehen Sie mal – der Stern dort oben.«

»Ich kann Ihnen Haftbeschränkungen aufbrummen, hab ich gesagt. Gleich jetzt«, drohte der Mann.

»Ja, aber sehen Sie mal; das ist wirklich ein toller Stern«, sagte B. K.

Frustriert meinte der Wärter in scharfem Tonfall: »Na gut, dann gibt's eben Haftbeschränkungen für Sie.«

»Ein wunderschöner Stern«, sagte B. K.

An diesem Punkt ging der Wärter in die Luft und sagte ungläubig: »Haben Sie nicht gehört, was ich gesagt habe? Ich sagte, Sie bekommen Haftbeschränkung! Und was hilft Ihnen nun der verfluchte Stern?«

B. K. drehte sich zu dem Wärter um. Er war nicht wütend; er sagte nur: »Der Umgang mit Leuten wie Ihnen macht mich stark.«

Weil er keinen Widerstand leistete, weil er sich weigerte, der Aufforderung des Wärters, sich mit ihm zu streiten, nachzukommen, geriet er weder in Wort oder Tat in eine Lage, die den Arrest als gerechtfertigt hätte erscheinen lassen. B. K. ließ den Wärter allein: Er mußte die Unterdrückungsbemühungen ganz allein durchführen. Die Folge war, daß B. K. keine Haftbeschränkungen bekam. Selbst wenn er seine gesamten Privilegien verloren hätte, hätte er nicht verloren, was ihm das Wichtigste war: seine Freiheit, die darin lag, nach eigenen Maßstäben zu antworten, statt auf die eines anderen zu reagieren. »Der Überlegene kann nicht besiegt werden«, behauptet Laotse, »weil er nicht streitet.«

Ein paar Monate später, als man B. K. aus dem offenen Strafvollzug entlassen hatte, traf ich ihn zufällig auf der Straße. Er erzählte mir, was geschehen war. »Darf ich Sie etwas fragen? Wer von uns beiden, der Wärter oder ich, war Ihrer Meinung nach eigentlich eingesperrt?«

5

Ich habe davon gesprochen, daß man das Selbst ohne die endlosen kleinen Wellen der Stimmungen und der Bedeutungen, die es durchlaufen, erfahren kann. So kann man sich selbst im Augenblick des Schmerzes auf das sichere Gelände des Beobachters zurückziehen, innerhalb der Erfahrung als Erfahrender, und es unterlassen, sich mit den eigenen Gedanken, Gefühlen und Reaktionen zu identifizieren, indem man sie mit distanziertem Mitgefühl wahrnimmt.

Diese *Identifikation* ist die Nabe, auf dem sich das Rad des Leidens dreht. Unser Bewußtsein ist ein merkwürdiges Geschöpf. Immer wenn wir unsere Aufmerksamkeit irgendeiner Sache schenken, lassen wir es aus dem Käfig. Sobald es frei ist, hakt es sich daran fest. Wie ein Chamäleon nimmt es dann die Eigenschaften des Dings an, das es wahrnimmt. Wie wir gesehen haben, kann daraus, wenn der Gegenstand der Aufmerksamkeit das eigene Bewußtsein ist, der zweite Schmerz resultieren oder die zweite Freude, je nach dem Inhalt der bewußten Wahrnehmung, mit dem wir uns identifizieren. Wir können uns das Bewußtsein auch als Energiefeld vorstellen, das sich wie eine unsichtbare Flüssigkeit bewegt. Wir steuern seine Bewegungen und die Form, die es durch unsere Aufmerksamkeit annimmt. Haben wir uns mit etwas identifiziert, wird dieses Ding zur Erweiterung des

Selbst, so daß wir alles, was damit geschieht, so erleben, als geschähe es mit uns.

Wir erfahren wohl jeden bedeutenden Verlust als einen Verlust dessen, der wir sind, da unsere Identität so eng mit diesen Menschen, Dingen und Umständen verwoben ist, an die wir uns gebunden haben. Jeder ist von einem Bündel von Beziehungen umgeben: Eltern / Kind, Ehemann / Ehefrau, Schwester / Bruder, Freund / Feind. Darüber hinaus identifizieren wir uns mit unserem Beruf. Rechtsanwalt, Lehrer, Künstler, Verkäufer.[2] Dann gibt es noch die Umstände des Alters, der Gesundheit und des Lebensstils: jugendlicher Mann, glamouröse Frau, Person mit dieser oder jener Krankheit und so weiter. Alle diese wichtigen Beziehungen geben uns, im Guten wie im Schlechten, das Gefühl dafür, wer wir sind; verlieren wir eine oder mehrere, so raubt uns dies die tief vertrauten Wege unseres Daseins in der Welt und unserer Zugehörigkeit (wodurch verständlich wird, warum wir uns oft sogar dagegen sträuben, auch die machtvollsten negativen Identifikationen aufzugeben). Möglicherweise erkennen wir nicht, daß wir uns so stark mit diesen Beziehungen und Lebensumständen identifizieren, daß wir keine verläßlichen Erfahrungen außerhalb der zahlreichen Identifikationen machen. Auf dem Weg zur Genesung und Wiedererlangung der Ganzheit müssen wir alles daransetzen, jene Identität zu erfahren, die immer unsere ist, ganz gleich, wieviel wir an die Beziehungen zu anderen und an die Umstände exportiert haben. Um dies zu erreichen, müssen wir damit beginnen, das ursprüngliche Selbst aus den vielen Dingen zu destillieren, mit denen es sich identifiziert hat, den vielen Dingen, von

---

[2] Wenn jemand wissen möchte, welchen Beruf Sie ausüben, dürfte er fragen: Was sind Sie? Diese unausgesprochene Identifikation reduziert die Identität unzweideutig auf die Berufsarbeit. Die Umgangssprache enthüllt nicht selten die tiefen kulturellen, sozialen, politischen und geistigen Vorurteile einer Gesellschaft.

denen es schließlich glaubte, sie bildeten das Selbst. Dieses ursprüngliche Selbst ist wie ein Seidentuch auf dem Kaktus der Welt. Es hat sich in den vielen Stacheln verfangen, die Gestalt der stacheligen Pflanze angenommen und bringt nun nicht mehr die eigene leichte, fließende Natur zum Ausdruck. Um das Selbst zu befreien, ohne es zu zerreißen, müssen wir langsam vorgehen, es sanft, Dorn um Dorn, ablösen. Kein Grund zur Eile. Als erstes müssen wir diese Frage der Identität ganz direkt angehen. Wir müssen uns fragen, wer wir sind – in unseren Augen.

Nun, wenn ich Sie fragen würde, wer Sie sind, würden Sie nicht antworten: »Ich bin mein Bankkonto, mein Haus, meine Kleidung« und so weiter. Nie würden Sie Ihr *Selbst* mit Ihrem Eigentum verwechseln, mit den Dingen, die Sie *besitzen*, die sich ja mit dem kleinen Wort *mein* zutreffend beschreiben lassen. Doch sosehr wir uns auch bemühen – es wird uns nie gelingen, zu der Instanz zu gelangen, die diesen »Besitz« wahrnimmt. Dies aber geschieht jedesmal, wenn wir uns von dem befreien wollen, was das Wort *Selbst* bedeutet, worauf sich das kleine Wort »ich« tatsächlich bezieht. Je mehr wir nach dem Selbst suchen, desto schneller sprechen wir schließlich die Sprache des Besitzes. So sagen wir: *mein* Name, *meine* Geschichte, *mein* Körper, *meine* Gefühle, *meine* Seele, sogar *mein* Selbst. In diesem letzten Fall, bei: »mein Selbst«, hat sich das Selbst abermals versteckt. Es ist gleichsam aus dem Wort *Selbst* »herausgesprungen«, in dem wir es fangen wollten, und versteckt sich nun hinter dem Wort *mein*, was uns mit der Frage zurückläßt, um wessen Selbst es sich handelt, wer dieses »Ich« ist, dem das alles gehört. Doch wir haben ja gesehen, daß keines der Dinge, die dieses Selbst besitzt, das Selbst ist, und daß sich der »Besitzer« offenbar weigert, vorzutreten und sich zu zeigen. Das Selbst versteckt sich demnach vor sich selbst, hinter der Sprache des Besitzes, und zeigt sich nie in eigener Sache, getrennt von all dem, was es besitzt. Es ist schon komisch: Zwar nehmen wir das Selbst als selbstverständlich hin – aber das, was wir *als Erfahrende* sind, ist schwer greifbar, ja verwirrend und wird nie sichtbar. Wir haben somit im buchstäblichen Sinn keine *Vorstellung* darüber, wer wir sind. Offenbar sind wir uns selbst ein völliges Rätsel. Was sollen wir mit diesem Mysterium anfangen?

Betrachten wir die Frage noch einmal. Wenn Sie *ich* sagen, was verstehen Sie darunter? Wir alle benutzen dieses unaufdringliche kleine Wort täglich tausendmal, aber ist uns jemals ganz klar, worauf es sich bezieht? Das Wort *Apfel* ist nicht die rote, saftige Frucht, die wir auf das Pult des Lehrers legen; das Wort *Feuer* brennt nicht. Auf dieselbe Weise ist das Wort *ich* nicht das Selbst, das es anscheinend benennt. Haben wir eine Vorstellung davon, was dieses Selbst ist? Was immer dieses *Ich*, dieses Zentrum der Identität ist – es ist keine feste Größe; *es kann sich verschieben.* Wir erfahren diese Verschiebung, wenn wir wahrnehmen, was wir im Herzen fühlen, statt es rückwirkend zu beurteilen oder uns mit ihm zu identifizieren. Wenn wir tiefer in unser Herz-Bewußtsein eindringen, sind wir womöglich verblüfft von den Veränderungen, die wir empfinden. Ich weiß noch, wie überrascht ich auf die Erkenntnis reagierte, daß ich mit *Ich* immer meinen *Geist* gemeint hatte, die Stimme in meinem Kopf, die ich mit rationalem Denken und dem bewußten, egozentrischen Willen assoziierte. Dies war der Teil meines Bewußtseins, mit dem ich mich unwissentlich identifiziert hatte, der Teil, den ich als »ich selbst« erfahren hatte. Aus dem Inneren dieser übermäßig beschränkenden Identifikation erfuhr ich alles, was mein Geist nicht begreifen konnte als: »*Ich* begreife das nicht.« Ich »begriff« nur die Dinge, die ich durch Argumente und rationales Denken demonstrieren konnte. Was sich mir als wahr zeigte, mußte dies mithin strikt im Sinne des feindlich gesinnten, abwehrenden Denkens tun, den der Geist so gut beherrscht, während die viel reichere Wahrheit des Mitgefühls und der Nähe meiner Erfahrung meist fremd blieb. Als meine bewußte Wahrnehmung sich öffnete, erkannte ich schließlich, daß diese argumentierende Stimme in meinem Kopf nicht ich war, sondern nur das, was ich schließlich für mein Selbst hielt – eine ängstliche, eingezwängte Identität, die sich durch ihre Eigensinnigkeit vom unmittelbar Wertvollen so vieler Dinge, die in mir und um mich herum vorgingen, isoliert hatte. Wenn ich zurückschaue, sehe ich, daß ich in meinem Herzen (dem Bewußtsein, das aus dem Brustbereich aufsteigt) viele Dinge gewußt hatte, die ich nicht wahrnahm, und daß nur mein Geist nichts davon gewußt hatte. Es ist ein immenses Paradox: Der Geist, der darauf besteht, zu wissen, wirbelt in ewiger Verwirrung und Ambiguität und weiß letztlich gar nichts, während das Herz, das nicht zu wissen braucht und sich in dem zu Hause fühlt, was Shunryu Suzuki als den »Geist des Anfängers« bezeichnete, friedlich und klar zu sich und anderen ist; insofern weiß es alles, was in einer bestimmten Situation erforderlich ist. Die endlosen Fragen des Verstandes werden von der Weisheit des Herzens beantwortet. Das konnte ich aber nicht erkennen, weil ich zeitlebens eine falsche Identität angenommen hatte.

Trotz der Propaganda, die die Selbstwürdigung für meine Studenten und offenbar auch für viele von uns so schwer macht, haben wir zumindest von der Vorstellung gehört, daß wir uns selbst lieben sollen. Das ist allerdings eine verwirrende Anweisung, denn ob wir sie wahrnehmen, hängt davon ab, womit wir uns identifizieren. Wenn wir uns mit dem Geist identifizieren, so wie ich, dann sollen wir anscheinend unser Geist-Selbst lieben. Identifizieren wir uns mit unseren physischen Attributen, so wird der Auftrag, das Selbst zu lieben, ein Gefühl der Wertschätzung für unser Aussehen oder unsere körperlichen Leistungen hervorrufen. Indem wir uns tiefer im Herzen ansiedeln, stellen wir fest, daß gerade der Vorschlag, das Selbst zu lieben, ein zunehmendes Gefühl der Selbstannahme, der Leichtigkeit und der Erweiterung hervorlockt. *Die Liebe zu sich selbst ist nichts anderes als die mitfühlende Offenheit, die uns in Erinnerung ruft, nichts von dem, was sich zeigt, Widerstand zu leisten.* Es ist eine tiefe Annahme all dessen, was wir sind, in diesem Augenblick, wenn es erscheint, jetzt.

Wir können nicht *denken*, wer wir sind. Das Denken ist der schlaue Teil von uns, der uns irgendwann einmal dazu gebracht hat, an seine Autorität zu glauben, selbst in Bereichen unserer Erfahrung, die nichts mit dem Denken zu tun haben. Was der Geist als »das Selbst« bezeichnet, ist nicht das Selbst, sondern nur eine schmale Scheibe desselben. Wir können nicht durch unser Denken eine neue Sicht der Dinge herbeiführen.

Was machen wir nun mit diesem Wunder, das sich jeden Augenblick, jeden Tag ereignet? Wir wissen es nicht, und das ist der springende Punkt: In diesem Nicht-Wissen, dieser Abwesenheit von Schlußfolgerungen, beginnt sich in uns eine natürliche Geräumigkeit zu eröffnen, eine Weite, die den großen Geist, das offene Herz kennzeichnet. Diese Größe wurde im Warschauer Ghetto erkennbar, als jemand auf eine zerstörte Mauer kritzelte, was man später als das elfte Gebot bezeichnete: »Du sollst nicht verzweifeln!« Selbst in den schlimmsten Umständen können wir uns verneigen und überleben – wir wissen nicht, worum es im Leben geht, worum es bei uns geht oder wohin es uns im nächsten Augenblick verschlägt. Es ist alles so erstaunlich – können wir da nicht in unserem Leiden einen kleinen Raum für die Anerkenntnis frei lassen, daß das Leben auf wunderbare Weise kommt und geht, ungehindert durch unsere Pläne und Absichten und Kurzsichtigkeit, und daß das Morgen, der nächste Augenblick alles bringen kann? Unsere Worte halten uns zum Narren: Wir sagen *Leben* und *Bewußtsein* und *Selbst*, wobei wir glauben, daß wir dem Unerforschlichen einen Sinn abgewinnen, wenn wir die Dinge benennen. Aber das Wort ist nicht das, worauf es ver-

weist. Denn trotz all unserer Wörter – die Meere bro-
deln, und die Planeten wirbeln durch den Raum, und wir
verstehen nicht einmal den Ursprung, wie oder warum
oder woher das alles kam oder wohin es führt. Selbst
wenn wir Schmerz verspüren, können wir einen Augenblick die große Weite der Unverstehbarkeit anerkennen,
in der wir leben und unter der wir manchmal leiden. Dies
ist die erste, wichtigste Öffnung der bewußten Wahrnehmung jenseits der großen Einschränkung der allzu
hartnäckigen Sicherheiten des Geistes. Wir wissen nicht
genug, nie, um das Leben aufgeben zu können, das, während es uns sogar in diesem Moment durchströmt, immer noch auf diese Weise an uns glaubt und uns auffordert, den nächsten Schritt zu tun.

6

Wir haben unser Leben lang das Wunder des Selbst, dieses grundlegende »Ich bin« übersehen, das der Geist zwar
nicht lokalisieren kann, das uns jedoch niemals verläßt.
Als Kinder haben wir vielleicht die Faszination gespürt,
wenn wir uns in einer Welt wiederfanden, die von Dingen umgeben war, die man sehen und hören und berüh-
ren konnte. Als Erwachsene sind wir viel zu beschäftigt
mit anderen Dingen, als daß wir innehalten und das
Wunder des Selbst in der Welt betrachten. Möglicherweise hat man uns gelehrt, daß derlei hochfliegende philosophische Ideen im Alltag wenig Bedeutung haben.
Wozu sind derartige Gedanken denn nütze? Selbst Platon, einer der Gründungsväter der abendländischen
Philosophie, vermittelt uns das Bild des Philosophen, der
in einen Brunnen fällt, als er zu den Sternen empor-
schaut. Und es mag uns leichtfallen, zuzustimmen, daß

hochfliegende Ideen nicht nur keine praktische Bedeutung haben, sondern uns auch in der Welt ins Stolpern bringen. Doch als man den Philosophen Martin Heidegger fragte: »Was kann man mit der Philosophie machen?«, gab er zur Antwort: »Nichts, aber wenn man willens ist, kann die Philosophie vielleicht etwas für Sie tun!« Auf diese Weise wird auch ein gebrochenes Herz wieder ganz. Nicht indem wir etwas tun, sondern indem wir es zulassen, daß etwas mit uns getan wird.

Ironischerweise *denken* wir, auch wenn unsere Identität größer ist, als der Geist verstehen kann, wir wüßten, wer wir sind. Mit anderen Worten: Wir leben, ohne zu wissen, daß wir nichts wissen. Im Kopf gibt es eine Stimme, die fordert und insistiert, eine Stimme, die glaubt, sie existiere über und gegen die Welt, nur für sich, so wie der Körper. Wir können uns diese Stimme, die ununterbrochen danach strebt, sich zu beweisen und ihren Einfluß auszuspielen, als den *eigensinnigen Verstand* vorstellen. Zwar durchziehen diesen Geist zahllose Gedanken und Gefühle, aber schon bei einer kurzen Beobachtung wird klar, daß *wir* viel mehr sind als diese Gedanken, mehr als sogar der besondere Gedanke »Ich«. Tatsächlich hat dieser »Ich«-Gedanke, wie wir sahen, während er uns durch Fragen und Argumente scheinbar mit uns selbst und anderen identifiziert, aufgrund seiner Abwehrreaktionen, seiner Definitionen und Wünsche, keinen erkennbaren Inhalt, keine Substanz. Es ist vielmehr nur der unsichtbare Punkt, von dem aus wir die vielen Dinge besitzen können, die wir fälschlicherweise für unser Selbst gehalten haben. Von allen Gedanken, die uns kommen, ist dieser »Ich«-Gedanke, der behauptet, unsere eigentliche Identität zu begründen, der leerste. Wie sich erweist, können wir unser Sein überhaupt nicht *denken*. Es ist zu reich, zu weit, zu überfließend, als daß es sich in eine Definition oder in Gedanken fassen ließe. Im strengsten Wortsinn sind wir also nicht das, wofür wir uns halten. Eben diese unablässige Identifikation mit dem »Ich«-Gedanken, mit dem immer getrennten, wünschenden und streitlustigen Verstand, maskiert das Wunder unseres wahren Selbst. Dieses Selbst wurzelt im Herzen, und im Gegensatz zum eingeschränkten, habgierigen, ablehnenden, vorsätzlichen Verstand besitzt es ein unbegrenztes Aufnahmevermögen für ein weites Bewußtsein im gelebten Augenblick. Fassen wir einige Gedanken zusammen:

Die Fortdauer des Leidens beruht darauf, daß wir uns weiter mit dem eigensinnigen Verstand identifizieren. Die Rückkehr zur Ganzheit beginnt, wenn wir denjenigen, der wir sind, von dem trennen, für den wir uns halten.

Wenn wir auf das Herz achten, in der Stille horchen, zwischen dem turbulenten Ansturm der Gedanken und Gefühle, wird etwas allmählich deutlich: Wir gelangen zu einer Art Leitung, die wie ein Leuchtfeuer vom Herzen zum Selbst ausgesendet wurde, das sich in seinen Identifikationen verloren hat und nun durch die explosive Kraft des Verlustes auf sich selbst zurückgeworfen ist. Das Selbst ist verloren und sucht Leitung in sich selbst. Wie können wir glauben, daß es eine derartige Leitung gibt? Wie können wir ihr vertrauen? Die Antwort lautet: Wir vertrauen ihr schon die ganze Zeit. Bedenken Sie: Selbst die Fähigkeit, die Wörter auf dieser Seite lesen zu können, beinhaltet riesige Mengen vorhergehender Leitung *aus Ihrem Inneren*, denn wir lernen nicht von Lehrern, sondern dadurch, daß wir erkennen, was unsere Lehrer uns lehren. Alles Lernen hängt ab von diesem Heureka! – dem Gefühl, das uns sagt: »Jetzt habe ich's!« Und dieses Gefühl kommt von innen. Hätten wir es nicht, würden wir die richtigen Antworten übermalen und immer weitersuchen. Das Erkenntnisvermögen vollzieht sich auf natürliche Weise im Selbst, in der Übereinstimmung mit der Blaupause, die es in sich hat, um seine Möglichkeiten zu verwirklichen. Wie das Sprichwort sagt: die Eiche ist in der Eichel enthalten, das Kind ist der Vater des Mannes. Andernfalls würde der Mann sprießen und die Eiche ihre Eichel zum Baseballspiel mitnehmen. In der Natur von allem liegt die Essenz, das Schicksal. Darum ist die Leitung immer so nahe wie unsere Bereitschaft, wieder auf den Weg zurückzukehren.

Wenn sich diese Idee festsetzt, fällt es schwer, den Blick irgendwo hinzuwenden und *nicht* irgendeine Form der Leitung zu erkennen. Im weitesten Sinne umfaßt sie die Ordnung der physischen Welt.[3] Die Planeten und die Sterne werden von Natur aus auf ihren Wegen geführt, die Jahreszeiten werden in ihrer Folge geleitet, die Lunge wird von Atemzug zu Atemzug geführt, die Körperzellen werden angeleitet, Speise in sich aufzunehmen und in lebendes Gewebe umzuwandeln. In jedem Fall erfüllt eine dirigierende Kraft – die Schwerkraft, der Elektromagnetismus, das biochemische Zusammenspiel – das einzigartige Versprechen dessen, was uns leitet. Der eng-

[3] Manche vertreten die Auffassung, daß es in der Welt, insbesondere der moralischen Welt, auch Unordnung gebe. Man kann jedoch nicht konsequent die Ordnung des Kosmos bestreiten. Gewiß, man kann bestreiten, daß sich diese Ordnung aus einem intelligenten, intentionalen Bewußtsein herleitet, aber das ist eine andere Sache. Schon allein der Gebrauch der Sprache beinhaltet eine Anerkennung der Ordnung der Dinge, so daß jene, die die Ordnung ablehnen, in eine Art philosophische Heuchelei geraten. Sie können nicht wirklich glauben, was sie behaupten, denn wenn sie es täten, bestünde keine Grundlage für ihren Glauben, daß ihre Wörter immer noch dieselben Bedeutungen haben, die sie noch einige Minuten zuvor hatten. Die Ordnung zu leugnen bedeutet somit, sie vorauszusetzen. In der Geschichte der neuzeitlichen Philosophie führte Immanuel Kant diese Argumentation gegen David Hume ins Feld. Daß die Erfahrung geordnet ist, ist *a priori* wahr; man kann sie nicht bestreiten, ohne sich selbst zu widersprechen und in Frage zu stellen, da die Fragen selbst eine Ordnung voraussetzen.

lische Philosoph David Hume weist darauf hin: Ringsum sehen wir eine »vollkommene Anpassung der Mittel an einen Zweck«. Die Flügel eines Vogels scheinen dazu geschaffen, ihn in die Lüfte zu heben, Fische werden in einem Meer geboren, das bereit ist, sie zu empfangen und zu erhalten, die Atmosphäre haftet an unserem Planeten in direktem Verhältnis zur Masse und zur Rotationsgeschwindigkeit der Erde. In diesem Sinne ist die Welt ein bemerkenswertes System der *sich, selbst regulierenden Gleichgewichte.*[4] Ihre Teile passen zueinander und gehören zusammen.

Nun ist diese Idee der natürlichen Geordnetheit der Welt wichtig, wenn man das Leiden, das mit jedem Verlust einhergeht, hinter sich lassen will. Sobald wir erkannt haben, daß die Natur ein eingebautes Leitungssystem besitzt, können wir auch erkennen, daß diese Geordnetheit nicht nur in der Welt vorhanden ist, damit man sie in der physischen Welt beobachten kann; sie ist auch in uns. Sie *schließt* uns *ein.* Die Bewegung unserer Körper durch den Raum als Reaktion auf unseren Willen erfordert keinerlei bewußte Kontrolle der Neuronentätigkeit, der sich zusammenziehenden und lockernden Muskeln, auch keine der anderen autonomen Funktionen, die die intentionalen Bewegungen ermöglichen. Nicht nur der Körper, sondern auch unsere Gefühle, Gedanken, Wünsche – sie alle zeigen eine natürliche Ordnung, eine innere Struktur der bedeutungsvollen Bewegung und Verwobenheit. Wir gehören zu dieser Ord-

[4]Die neuesten Theorien über die Entstehung des Kosmos deuten darauf hin, daß selbst der Beginn der Schöpfung die Entfaltung des physischen Universums ahnen ließ, als ob es »wüßte«, was es in Milliarden Jahren in der Zukunft tun werde. Dieser »anthropischen« Theorie zufolge gibt es eine Art Blaupause, die von Anbeginn in der Schöpfung kodiert ist, ganz ähnlich wie die körperlichen Merkmale eines Menschen in seinem genetischen Material verschlüsselt sind.

54

nung ebenso wie die Jahreszeiten zur Ordnung der Erd-rotation.

Darum weckt der Blick aus den klaren Augen eines Kindes in uns ein Gefühl der Zärtlichkeit und Unschuld; die Bruthitze während der Rush-hour ärgert uns; der Sonnenaufgang erweckt Gefühle des Staunens oder der Ehrfurcht; der Egoismus des Chefs stellt uns auf die Probe. Zwar sind diese Gefühle bei unterschiedlichen Menschen unterschiedlich stark ausgeprägt, doch sind sie den Ereignissen, die sie hervorrufen, mehr oder weniger angemessen, und darin erkennen wir, daß wir Teil eines großen Systems sind, das selbstregulierend und selbster-haltend ist.

Wir sind also nicht bloß Beobachter der Ordnung der Welt, sondern auch deren Teilnehmer. Sie schließt uns ein, durchdringt uns. Innerhalb dieser Ordnung voll-zieht sich ein Wandel, und die Dinge entwickeln sich in einem phantastisch anmutenden Tanz der Korrespon-denzen und Ergänzungen. Vordergrund und Hinter-grund, Ja und Nein, Auf und Ab. Dies bedeutet, keiner von uns ist wirklich allein, führungslos, vergessen – denn auf diese Weise abgeschnitten zu sein heißt getrennt zu sein. Dies aber gilt nur in den Täuschungen des eigensin-nigen Verstandes. Oft halten wir uns die Ohren zu und erklären dann, es gebe keine Musik, doch die gesamte Schöpfung erschallt von der Musik der Ordnung und des Miteinanderverbundenseins, sie lädt uns ein und wartet nur darauf, daß wir zuhören. Und uns bietet sich die große Gelegenheit, an all dem *bewußt* teilzuhaben. Wir nehmen bereits teil daran, ob nun bewußt oder nicht, weil wir das sind, was wir sind, und die Weltordnungen, sowohl im Inneren wie im Äußeren, sich gegenseitig durchdringen. Darum können wir erwarten, daß die Erde, die wir verschmutzen, uns am Ende vergiften wird, daß die Erde, die wir pflegen, uns erhalten wird. Jedes Hin hat sein Her, jede Aufgabe ihre Erledigung, jeder Verlust seinen Gewinn. Wir leben in einem lebendigen

System, das von Natur aus ganz und stützend ist. Irgendwie haben wir dies als selbstverständlich erachtet, doch die Ordnung der Dinge ist nicht nur eine kosmische, sie ist auch eine persönliche Sache. Sie wirkt an den Quellen dessen, der wir sind, und spricht von ganzem Herzen zu uns.

Die Stimme des Herzens zu hören ist eine schwierige Sache. Es gibt viele Stimmen in uns. Manche fordern uns zu selbstsüchtigen, egozentrischen, ja sogar grausamen Handlungen auf. Andere sagen uns vielleicht, wir sollen »brav« sein. Wie können wir wissen, welcher Stimme wir vertrauen sollen? Die Antwort, die jeder im Inneren erkunden muß, ist, daß wir mehr wissen, als wir glauben. »Ich weiß nicht« ist nicht selten im Grunde »Ich will es nicht wissen«, d. h. eine Aussage unseres Unwillens, anzuerkennen, was wir im Herzen bereits wissen, und weniger tatsächliches Nichtwissen. Immer wenn wir spüren, daß das Wissen uns von etwas abschneidet, das wir uns wünschen, dem wir jedoch nicht ins Gesicht sehen wollen, ersticken wir höchst effizient das intuitive Selbst, das nur zu gut Bescheid weiß. Dieses Selbst ist immer bei uns gewesen. Es ist in jedem Augenblick unsere vielversprechendere, weitere, voller verwirklichte und reichere Identität, die ihre Klarheit spontan anderen mitteilt, damit das größere Leben in uns Platz greift. *Es ist, was wir sind, wenn wir genug Mut aufbringen, uns dem zu stellen, was ist, wie es ist, ohne die Verzerrungen des Verlangens, der Angst oder der vorgefaßten Schlußfolgerungen.* Wir können hören, wie es aus dem Herzen zu uns spricht, unterhalb der Stimme der Konditionierung, unterhalb der vielen erworbenen Verbote und Beharrlichkeiten. Wir müssen still sein, um sie hören zu können, und die Atmung und die Gedanken beruhigen, doch ist sie nie weiter entfernt als unsere Bereitschaft, sie zu hören. Sokrates bezeichnet diese leitende Stimme als seinen *daimon* und sagte, dieser habe ihn stets gewarnt, wenn er im Begriff war, einen Fehler zu begehen. In ähnlichem Sinne erörtert Hannah Arendt in ihrem Buch *Vom Leben des Geistes* die innere Stimme als eine Art Zwiesprache, als »Zwei-in-einem«:

> Für Sokrates bedeutete die Dualität des Zwei-in-einem lediglich dies, daß, wer denken möchte, darauf achten muß, daß die beiden gesprächsführenden Instanzen gut in Form sind, daß die Partner *Freunde* sind. Der Partner, der lebendig wird, wenn man hellwach und allein ist, der ist der einzige, dem man nie entrinnen kann – es sei denn, man hörte auf zu denken.[5]

Wir sind Wesen, die zum inneren Dialog zurückkehren müssen, wenn wir uns mit uns gutstellen wollen. Arendt schreibt hierzu:

> Die Leiterfahrung ist hier natürlich die Freundschaft und nicht das Selbstbewußtsein.[6]

Diese Freundschaft mit dem Selbst bildet die Grundlage der Ganzheit, die wir in äußeren Bedingungen suchen. Wie traurig, daß wir diese Ganzheit nicht zuerst dem Selbst im Inneren anbieten, sondern zu früh in die Welt hinauslaufen, ehe wir uns selbst gehören.

Das Selbst und seine Autorität durch die Bereitschaft zu würdigen, sich den Dingen zu stellen, wie sie sind, und sie anzuerkennen, kann uns angst machen. Nicht selten ist es ein Weckruf, der uns aufscheucht, bequeme Gewohnheiten und Regelungen aufzugeben. Möglicherweise müssen wir uns den vielen gespeicherten Stimmen der Konditionierung widersetzen; dies kann dann Entscheidungen in Frage stellen, von denen wir dachten, wir *hätten* sie *bereits endgültig* getroffen. Auf das Herz zu

---

[5] Hannah Arendt, *Vom Leben des Geistes*, München 1979, S. 186
[6] Ebd., S. 187

hören kann heißen, eine lieblose Beziehung zu verlassen oder uns der Aufgabe zu widmen, eine schwierige zu verbessern. Die Wahrheit des Herzens kann, nachdem man sie lange geleugnet hat, ein intensives Gefühl hervorrufen, daß wir es riskieren müssen. Ist es da ein Wunder, daß wir soviel Zeit und Mühe dafür aufbringen, ihr aus dem Wege zu gehen.

Doch ohne diese innere Zuwendung und Annahme können wir uns nicht mit uns anfreunden. Wollen wir über das Leiden hinausgehen, ist es von zentraler Bedeutung, sich mit dem Selbst anzufreunden. Einstweilen kann diese Freundschaft mit dem Selbst nichts weiter heißen als sich soviel Zeit wie nötig zu nehmen, den Schmerz zu spüren. Letztlich geht dieser Prozeß aber über die Frage des Schmerzes hinaus. Das heißt, Sie müssen sich so behandeln wie Ihren besten Freund – wie Hannah Arendt schreibt. Es bedeutet, sich selbst zu vertrauen und aus diesem Vertrauen heraus zu handeln. Es bedeutet, sich selbst ohne die Verurteilungen und Selbstvorwürfe zuzuhören, die Ihnen so vertraut sind wie jedem, der sich die Zeit nimmt, sich und seine Gedankenwelt neu zu erfahren. Es bedeutet, in Gedanken, Wort und Tat freundlich zu sich zu sein und den zweiten Schmerz abzulehnen. Es bedeutet, einige Minuten darüber nachzudenken, wie dieser heilige Kreis dessen, der Sie sind, Ihr Leben, Ihre Erfahrungen, Ihre Visionen, Ihre Werte, Ihre Liebe, Ihre Talente, Ihre Lebensziele umfaßt. Das Selbst ist die Quelle für das, was Sie mit anderen teilen können. Die Freundschaft mit dem Selbst bedeutet zumindest, die verletzenden Stimmen jeden Tag für eine Weile zum Schweigen zu bringen, um das innere Zuhören zu üben und die Dankbarkeit für Ihr Sein zu leben.

7

Das Selbst bietet uns auf natürliche Weise Leitung und Ermutigung, wenn wir üben, auf das, was im Innern vorgeht, achtzugeben, statt bloß auf den endlosen Strom der Gedanken und Gefühle zu reagieren. Unterhalb dieser Parade liegt eine weite und schöne Stille, eine »Zitadelle des Friedens«, ein luzides Bewußtsein für die Dinge, wie sie sind, und eine tiefe Annahme. Dort können wir unsere Heimkehr zur Ganzheit beginnen und die Bruchstücke unseres Selbst wieder zusammenfügen. Stephen Levine bezeichnet dies als »Beendigung des Krieges«. Doch wenn wir zuhören und nach innerer Leitung streben, finden wir in aller Regel einen Wortpöbel vor. Wie können wir das Statische des Verstandes durchbrechen – die Gewohnheiten, Ängste, das Wunschdenken, die konditionierten Antworten – und das Selbst »unter« dem Selbst erreichen, das wir fälschlicherweise für uns selbst gehalten haben?

Wir können nach Spuren im Schnee suchen, wie mein Bruder Bob das nennt. Selbst in der undurchdringlichsten Selbstisolation hält uns die Welt Bilder längst vergessener Erinnerungen entgegen, die uns bis ins Mark getroffen haben. Manche Menschen finden sie in bestimmten Musikstücken, Filmen oder anderen Kunstwerken; in religiösen Ritualen; in der Rückkehr an bestimmte Orte, die man vor langer Zeit besucht hat. Es gibt eine Art emotionale Zeitreise – so, als ob eine bestimmte Zeit der Vergangenheit, in der wir unserem wahren Selbst näher waren, eine Flamme emporschickt oder man uns ein Seil zuwirft, mit dem wir zu jenem früheren Ort zurückkehren können, als wir offener waren und unser Herz zugänglicher war. Stoßen wir auf diese Spuren im Schnee, geben wir oft eine uns unverhältnismäßig erscheinende Antwort. Vielleicht sehen wir einen Film über Heimweh und Rückkehr, und plötzlich überwältigen uns nostalgische Gefühle oder Kummer. Oder wir entwickeln plötzlich eine unerklärliche Freude an einem Hobby, das wir vor Jahrzehnten aufgegeben haben. Nur selten findet der Verstand solche Auslöser verständlich, aber es ist ratsam, ihnen zu vertrauen, sich ihnen zu überlassen, um zu sehen, wohin sie uns führen.

In Platons Dialog *Phaedros* ist Sokrates im Begriff, den Schierlingsbecher zu trinken. Zuvor führt er aber noch ein letztes Gespräch mit seinen Schülern. Er erinnert sich an seine frühe Berufung zur Philosophie, daran, wie er begriff, daß die Wahrheit, die man durch philosophische Fragen anstrebt, viel zu hell ist – so wie die Sonne –, als daß man ihr direkt in die Augen blicken kann. Man kann lediglich ihren Abglanz erkennen, da uns die Helligkeit Schaden zufügen könnte. Wenn wir eine Sonnenfinsternis beobachten, benutzen wir einen abgedunkelten Spiegel. Wenn wir die Wahrheit betrachten, benutzen wir den Spiegel der Rede, der Redekunst. Wenn wir das in der Welt verlorene Selbst finden wollen, müssen wir ironischerweise manchmal die Metaphern und Symbole suchen, die in unseren weltlichen Erfahrungen Ausdruck finden. Wenn wir ihnen folgen, gelangen wir schließlich an den Ursprung, der uns erneut zeigt, daß sich das, was wir als Welt und als Selbst bezeichnen, nicht unterscheiden.

Das wahre Selbst ist immer da. Es zeigt sich, wenn wir ein wenig Raum schaffen, indem wir still dasitzen, es auf eine nicht urteilende, uns selbst liebende Art wahrnehmen und den inneren Dramen ihren Lauf lassen, ohne auf sie zu reagieren. Wir müssen nur einen Schritt vom Verstand zurücktreten, um ruhig wahrzunehmen, was im Herzen, dem körperlichen Fokus des wahren Selbst, vorgeht. Man hat das Selbst unter anderem als das Unbewußte bezeichnet, als Stimme der Intuition, höhere Macht, universellen Geist, Weltseele, Anfänger-Geist, als Herzmitte. Möglicherweise brauchen wir etwas Zeit, die Fähigkeit zu entwickeln, um den Gefühlston der weisen Stille des Selbst zu entdecken, doch wie ein Muskel stärkt sich das Selbst mit zunehmendem Gebrauch. Während wir still dasitzen, aufmerksam sind, zusehen, wie die Gefühle kommen und gehen, und zuhören, können wir die folgenden Kriterien anwenden:

1. Das wahre Selbst rät uns, das Allgemeinwohl zu fördern; es bevorzugt nichts und niemanden.

In diesem Sinn ist das wahre Selbst nicht *beeindruckt* (ein interessantes Wort an dieser Stelle) von all dem, was uns so drängend erscheint, von dem, für den wir uns *halten* – unsere weltlichen Erfolge, unser Ruf, unsere akademischen Titel, unser Aussehen, der Wunsch, recht zu haben, gut dazustehen und so weiter. Es ist nicht distanziert, doch ist es auch nicht in der emotionalen Verzweiflung verfangen, die entsteht, wenn wir übermäßig viel in die Umstände investieren. Das heißt, daß das Selbst unsere wirklichen Interessen anspricht, uns auffordert, dem Besten in uns zu vertrauen und danach zu handeln, was wahrscheinlich die Idee des eigensinnigen Verstandes vom Guten weit übersteigt.

Wir Menschen sind soziale Wesen, Herdentiere, die die Gemeinschaft mit anderen brauchen. Wie wir sahen, ist sogar unsere Innengerichtetheit eine Zwiesprache. Das menschliche Selbst will sich weiten. Schließlich erweitert es sich im Inneren und vom Herzen aus, damit es die anderen Selbste einschließen kann, die am Ende in Liebe Teil des Selbst werden. Aus diesem Grunde sind die Weisungen des Herzens auch niemals böse oder manipulativ. Es gibt viele, oft widerstreitende Gesinnungen in der Welt, aber es gibt nur ein Herz, denn seine Natur ist es, eins zu sein, ganz zu sein. Wenn wir auf Kosten des Wohlergehens eines anderen Menschen den Sieg davontragen, ist der Verstand vielleicht zufriedengestellt, sogar hochgestimmt, doch das Herz kann darin keinen Frieden finden, da die Verletzung gegen die mögliche größere Identität des Selbst als ein sich ausdehnendes, sich selbst einschließendes Wesen gerichtet ist. Hannah Arendt schreibt dazu: »Es ist besser, Unrecht zu leiden, als Unrecht zu tun, weil man der Freund des Leidenden bleiben kann; doch wer möchte Freund eines Mörders sein und mit ihm zusammenleben müssen?« Das Herz identifiziert sich mit dem, den es verletzt hat. Dessen stumme Proteste müssen unterdrückt werden, wenn wir dem egozentrischen Kurs weiter folgen wollen, oder aber sie bleiben ungeheilt. Darum verhält sich die Stimme des Herzens gleichgültig gegenüber den Forderungen des Verstandes und mitfühlend auf eine der Situation entsprechende, distanzierte Weise; das Herz leitet uns von einem Punkt jenseits des Eigensinns aus, und es spricht auch nicht die Sprache ichbezogener Interessen, selbst dann nicht, wenn wir an ihnen verzweifeln.

2. Das wahre Selbst spricht in der Stille.

Das innere Selbst spricht in der Stille, wenn Körper und Geist entspannt und aufnahmebereit sind. Es ist weder aufdringlich noch beherrschend, weder schreit es, noch besteht es darauf, daß wir es hören. Statt dessen flüstert es, und darum müssen wir so still sein, um es hören zu können. Das wahre Selbst hört sogar geduldig dem eigensinnigen Fordern und Flehen zu, das wir »Gebete« nennen, unseren Flüchen, Schreien und Drohungen, den Geschäften, die wir mit dem Gott »da draußen« machen wollen. Vor dem Heiligen Gericht des Selbst kann der eigensinnige Verstand seinen Fall in aller Ausführlichkeit vortragen, ohne unterbrochen zu werden. Doch wenn wir dann erschöpft sind, wenn wir von den nutzlosen Monologen des Geistes genug haben und still in uns gekehrt dasitzen und – soweit es uns möglich ist – aufnahmebereit sind, laden wir häufig das Herz ein zu sprechen und tauschen die innere Erregung gegen ein

Gefühl der Verbundenheit aus. Dieses entsteht aus sich selbst heraus; wir können es nicht erzwingen. Aber wir können unsere Aufmerksamkeit von dem fordernden Gemurmel des Verstandes abziehen, so daß wir einen Platz schaffen für das Herz, das uns etwas anderes anbieten kann. Ein leeres Glas läßt sich füllen. Auch dies ist ein Beispiel für das Gesetz der Gegensätze.

3. Das wahre Selbst kann man körperlich spüren – im Herzen.

Die Sprache wird nicht nur durch den Mund gesprochen. Das Wort *logos*, gemeinhin als *Wort* übersetzt, stammt vom griechischen Verb *legein* ab, was soviel bedeutet wie »sammeln«. Die Äußerung eines Wortes beinhaltet ein geheimnisvolles Sammeln – von Luft aus der Lunge, Kraft aus dem Zwerchfell, Gedanken aus dem Geist, Schwingungen aus der Kehle und Absichten oder Bedeutungen aus dem Willen oder der Seele. Die Bedeutung der Wörter ist mit verschiedenen Zentren im Körper verbunden, am deutlichsten mit dem Kopf oder dem Herz, obwohl man sein Innerstes nach außen kehren will, heiße Luft ›produzieren‹, sich etwas von der Seele reden oder etwas ausspucken kann und so weiter. Wir können auch buchstäblich aus unserem Herzen eine Mördergrube machen oder jemandem ein Ohr abreden. Indem wir nun auf diesen sammelnden Aspekt der Wörter achten, können wir sogar die Absicht hinter unseren Wörtern spüren, die aus einem bestimmten Teil des Körpers – wiederum im allgemeinen aus dem Kopf oder dem Herzen – aufsteigen. Nur jene Wörter, die aus dem Herzen kommen, haben die Kraft, uns zur Ganzheit hinzuführen. Die wahre Stimme des Selbst beginnt im Herzen und sucht das Herz bei anderen. Es ist keine intellektuelle, sondern eine mitfühlende Sprache; keine theoretische, sondern eine praktische; keine zergliedernde, sondern eine zusammenfügende; keine kluge, sondern eine weise. Sie trägt die Spannung der Wahrheit und erfüllt uns mit dem Gefühl der Befreiung und der Heimkehr.

Indem Sie still dasitzen, ohne äußere Ablenkungen und mit geschlossenen Augen, können Sie sich langsam auf die inneren Wellen einstellen, durch die das Herz und der Verstand zu uns sprechen und ein Gespräch mit uns anknüpfen. Auch hier braucht man ein wenig Übung, um zwischen der Sprache des Verstandes und der Sprache des Herzens zu unterscheiden, aber es hilft, sich zu erinnern, daß die jeweiligen Stimmen aus verschiedenen Körperregionen aufsteigen. Ein weiterer wichtiger Unterschied zwischen den beiden Stimmen besteht darin, daß der Geist Unterschiede sieht, Probleme diskutiert, Hierarchien verteidigt und sich hinsichtlich seines Ideeneigentums territorial verhält. Das Herz, das von Natur aus ein »einheitliches Feld« ist, offen unter den Barrikaden des Geistes liegt, sieht Gemeinsamkeiten; es versteht, identifiziert sich mit anderen und entscheidet sich stets dafür, das Leben zu bestätigen statt irgendeine Idee des Lebens.[7]

Hier ist nun eine einfache Möglichkeit, wie man mit dem wahren Selbst in Verbindung treten kann, um Leitung in einer Angelegenheit zu erhalten, in der man sich nicht entscheiden kann. Sie wissen beispielsweise nicht, ob Sie eine bestimmte Einladung annehmen sollen oder nicht. Setzen Sie sich hin, bis Sie ganz ruhig sind und Ihre Atmung ruhig und gleichmäßig ist. In dieser Ruhe stellen Sie sich vor, daß Sie die Einladung annehmen. Seien Sie nun still. Das Folgende mag Ihnen komisch vorkommen, aber achten Sie jetzt auf Ihr *Gesicht*. Während Sie erwägen, die Einladung anzunehmen, wird Ihr Gesicht darauf antworten, indem es sich weiter entspannt oder aber verspannt. Wenn Ihnen die Entschei-

---

[7] Dostojewski beschreibt diesen Unterschied auf beeindruckende Weise in seiner Erzählung *Der Traum eines lächerlichen Menschen*.

dung guttut, dürften Sie feststellen, daß Sie spontan lächeln und die Stirn sich glättet, vielleicht heben Sie sogar leicht das Kinn. Wenn es sich dagegen um eine schlechte Entscheidung handelt, bemerken Sie womöglich, daß Sie die Stirn runzeln, die Augen zusammenpressen oder die Mundwinkel herabfallen. Holen Sie nun tief Luft und erwägen Sie die Alternative – in diesem Fall, die Einladung abzulehnen. Wie ändert sich Ihr Gesichtsausdruck diesmal? Unser Gesicht enthüllt oft, was unsere Wörter und Gedanken zu leugnen oder zu verdecken suchen. Diese Übung soll nicht zeigen, daß es keinen Sinn hat, ein Problem zu durchdenken, auch nicht, daß man eine Frage nicht nach rationalen Gründen entscheiden soll. Sie liefert vielmehr ein weiteres Mittel zum Verständnis der tieferen Schichten des Selbst, einen direkten Zugang zum Gefühlszentrum und darunter zur Mitte der Intuition, die sehr viel mehr Gesichtspunkte und mögliche Folgen erwägen kann, als wir mit dem Verstand erkennen.

Wenn wir der Wahrheit unseres Herzens in einer bestimmten Frage näherkommen, macht sich in der Brust ein Gefühl der Leichtigkeit bemerkbar. Wenn wir tief atmen und entspannen, können wir dieses Gefühl als »Antwort« auf alles anwenden, was uns Sorgen bereitet. Diese Antwort wird nicht von Ihren Vorannahmen oder Vorlieben abhängen. Das kann Ihren Verstand verwirren und überraschen, wenn er dies zum ersten Mal hört. Vergessen Sie nicht: Es wird vermutlich eine Weile dauern, bis Sie die Fähigkeit der Intuition entwickelt haben. Verlieren Sie also nicht den Mut. Bleiben Sie still sitzen und atmen Sie regelmäßig, im Bewußtsein, daß Sie nun die Art Empfänglichkeit kultivieren, die es Ihnen ermöglicht, die Weisheit und das Mitgefühl Ihres wahren Selbst zu vernehmen. Allmählich werden Sie die Überzeugung gewinnen, daß die Information, die Sie aus dieser Mitte des Schweigens empfangen, verläßlich ist. Den Beweis dafür wird Ihre Erfahrung liefern. Wenn Sie aufmerksam, ehrlich und willens sind, sich vorübergehend von den Forderungen des Verstandes zu lösen, werden Sie eine Antwort erhalten. Ihr wahres Selbst bietet Ihnen dann Leitung aus den tiefsten Schichten Ihres Seins. Fassen Sie sich ein Herz, folgen Sie ihm, vertrauen Sie ihm, kehren Sie immer wieder in seiner Mitte ein. Mit der Zeit – vielleicht früher, als Sie meinen – wird es Sie aus dem Leiden führen.

Leiden

»Diesen grauenhaften Augenblick«, fuhr der König fort, »werde ich nie mehr vergessen.«
»Du täuschst dich«, sagte die Königin, »du mußt ihn bloß sofort notieren.«

LEWIS CARROLL
Alice hinter den Spiegeln

8

William Butler Yeats schrieb einmal: »Aber werden wir Trost finden? Der Mensch ist verliebt und liebt, was vergeht. Was kann man mehr sagen?« Diese eindrucksvollen Zeilen durchbohren das Herz wie ein Pfeil, und im Augenblick des Verlustes spüren auch wir, daß wir keinen Trost finden. Das ist aber nur der Anfang der Geschichte; was uns nämlich das Herz bricht, kann es auch aufbrechen und eine Weite schaffen, die selbst den unvermeidlichen Verlust all dessen, was wir lieben, in sich aufnimmt. Das Bewußtsein des Herzens kämpft überhaupt nicht gegen die Vergänglichkeit, sondern wurzelt in der Erkenntnis, daß sich alles ändert und alles, was uns wertvoll ist, am Ende vergeht. Die Spinne des Verstandes hingegen widersetzt sich dieser Erkenntnis und webt mit diesem Widerstand das Netz des Leidens. In einer Welt, in der die einzige Konstante der Wandel ist, in der das, was wir lieben, verschwindet, in einer Welt, in der wir bereits soviel Enttäuschungen und Verluste erlitten haben, können wir nur Frieden finden, wenn wir dies annehmen und leben, wenn wir die Bereitschaft haben, loszulassen, wenn es an der Zeit ist, loszulassen. Ohne diese Bereitschaft, ohne die Zusammenarbeit mit den Kräften des Wandels, bleiben wir im kontrollierenden Geist befangen, der niemals seinen Versprechungen vom ewigen Glück gerecht werden kann. Da könnte man sich ebensogut in einen Fluß stellen und versuchen, das strömende Wasser mit einem Sieb aufzuhalten – doch dies ist genau die Aufgabe, die sich der bedauernswerte eigensinnige Verstand gestellt hat: die wundersame Bewegung jeden Augenblicks zu stoppen, das Leben zu kontrollieren und zu dirigieren, während er sich gleichzeitig immer fernhält, sich wehrt und Widerstand leistet, um des Gefühls der falschen Sicherheit wegen. Das Resultat dieses Widerstandes ist bestenfalls kurzlebig. Vielleicht ist dies eine weitere Einsicht in die schwierige Lage, über die Yeats schrieb – nicht nur, daß die geliebten Menschen am Ende sterben, sondern daß das, was wir lieben, vom Augenblick, da wir es gewinnen, verschwindet. Der eigensinnige Verstand ist wankelmütig, denn seine Ruhelosigkeit scheint unvermeidlich zu Enttäuschungen, zu Unzufriedenheit und zu der wiederholten Suche von Bedingungen zu führen, in denen es kein wirkliches Bewußtsein des Selbst oder der Zugehörigkeit zum Leben geben kann. Gewiß, wenn wir nicht das bekommen, was wir haben wollen, leiden wir. Doch selbst wenn wir es bekommen, verwandelt sich die Süße schnell in Bittersüße: Entweder wir verfallen der Sorge und fürchten, wir werden verlieren, was wir bekommen haben (weil sich die Dinge ändern), oder das Verlangen reißt uns in eine andere Richtung, und wir stellen abermals fest, daß das imaginäre Glück entschwunden ist. Demnach sind Verluste und Gewinne »Ketten aus Eisen, Ketten aus Gold«, in die der Geist das Herz legt. *Ob wir nun Erfolg haben oder scheitern – solange wir uns mit dem eigensinnigen Verstand identifizieren, widersetzen wir uns dem Leben. Und dies heißt, wir müssen leiden.*

Das Leben nimmt seinen Lauf, ungeachtet der Angst und des Sehnens des eigensinnigen Verstandes. Wenn wir die Böschung am Fluß hinaufsteigen, wo die Dinge friedlicher sind, begreifen wir, daß der Widerstand und die Eigenwilligkeit des Geistes niemals zur Angemessenheit führten, daß nichts ausreichender sein kann als die Gegenwart und daß der Geist die Gegenwart nicht finden kann, weil er immer in der Vergangenheit oder in der Zukunft ist, immer darauf aus, das Unbeherrschbare zu beherrschen. Die gelebte Gegenwart läßt sich nicht beherrschen; sie ist zu reich, zu unvorhersehbar, zu wild, zu überfließend. Nur eines hält uns ab vom freudigen Bewußtsein des einfachen Da-Seins, dem Hier und Jetzt: die Maskerade der Getrenntheit, die der Geist fördert, um so unseren Widerstand zu stärken. Wenn man dann noch unsere *Identifikation* mit dem Geist hinzufügt, ist das Rezept für das Leiden vollständig. Wenn wir nämlich uns mit dem Geist identifizieren, glauben wir schließlich, daß wir getrennt sind, das heißt, abgeschnitten, verlassen, vergessen. Durch den Eigensinn des Geistes vollzieht sich im Selbst eine große Teilung. Schon lange, ehe wir verloren haben, »was verschwindet«, haben wir uns in einer Tat verloren, die der Verstand nie begreifen kann: Wir haben gelernt, in Getrenntheit zu leben – abgeschnitten vom gelebten Augenblick, vom Herzen, von der Freude am Sein. Sich mit dem eigensinnigen Verstand zu identifizieren heißt zu leiden, auch wenn wir dieses Leiden meist als normal akzeptieren, durch den Alltag gehen und uns nicht bewußt sind, wie zutiefst fern wir dem Leben sind und wieviel Kummer wir deshalb in uns tragen. Dies ist eine weitere Tragödie, vielleicht die ursprüngliche: daß wir nicht einmal wissen, wie sehr wir leiden, bis unser Leiden die Schwelle der Krise überschreitet und wir umherlaufen, in der Hoffnung, Gott sei wirklich und unsere verzweifelten Gebete mögen erhört werden. Früher oder später löst sich dies dramatische Gebaren des Geistes angesichts dessen, was real ist, auf. Vielleicht stirbt jemand, den wir lieben, oder verläßt uns, oder ein Test kommt aus dem Labor mit dem schlimmstmöglichen Ergebnis zurück. Dann wissen wir nicht, wohin wir uns wenden sollen, weil es keinen Ort gibt, an den wir uns wenden können. Nur das Herz kann uns aus dem Leiden herausführen, das einer Welt eigen ist, in der das, was wir lieben, verschwindet. Wenn der Geist gezwungen ist, in den Spiegel der eigenen Machtlosigkeit zu blicken, hilft uns nur eines: die Zeit, die wir in der Identifikation mit der Weite des Herzens verbracht haben, indem wir annehmen, was wir nicht beherrschen können, loslassen und einfach leben, indem wir Bereitwilligkeit statt Eigensinnigkeit praktizieren.

Das Leiden, das wir in uns tragen, hat nicht selten eine lange und geheime Vorgeschichte. In den vielen Jahren und durch die vielen Verluste ist uns das Herz wieder und wieder gebrochen. Der gegenwärtige Schock hat vielleicht einen größeren Riß, gleichsam eine Sollbruchstelle im Herzen geöffnet. Aber während wir uns der Schwere dessen, was wir in der Brust spüren, bewußt werden, können wir auch ein Netz von zweitrangigen und drittrangigen Sprüngen erkennen – all die Augenblicke, in denen wir uns verlassen, gedemütigt, minderwertig, schuldig, ängstlich, mißverstanden fühlten; die tausenden Male, in denen ein gewalttätiger Gedanke oder ein gewalttätiges Gefühl in uns hämmerte und den Keil der Getrenntheit tiefer in uns hineintrieb; die zahllosen Augenblicke, in denen wir unsere tiefsten Gefühle ausdrückten, jemandem »Ich liebe dich« sagen wollten, aber nicht den Mut fanden, uns von der Liebe überwältigen zu lassen und die Beherrschung aufzugeben; die geliebten Angehörigen, die wir an den Tod oder durch Entfremdung verloren haben, und die Menschen, von denen wir in unserem Herzen wissen, daß wir sie eines Tages verlieren müssen; die vielen Male, da eine liebevolle Geste unbemerkt und ungewürdigt geblieben ist; der angestaute Kummer des geleugneten Mitgefühls für die Tausenden in der Welt, die jeden Abend hungrig zu Bett gehen; das Desinteresse an den Soldaten, die in den Krieg zogen und starben, und an jenen, die wir nicht zu Hause begrüßten; und so weiter. Der Geist hat keinen Raum, diesen ungeheuren Kummer in sich aufzunehmen. Da stecken wir das Herz lieber in eine Rüstung, statt das falsche Gefühl der Getrenntheit und der Beherrschung aufzugeben und mit unserem großen Kummer zu verschmelzen.

Während wir es zulassen, in dieses Leiden einzutreten, kann in uns eine ungeheure Trauer aufsteigen. Zumal wenn wir vergessen, einfühlend mit uns zu sein. Wir werden vielleicht sogar fürchten, wir könnten uns in der Trauer verlieren. Manchmal entsteht dann die spürbare Angst, völlig außer Kontrolle zu geraten, verrückt zu werden oder zu verschwinden. Dieses Gefühl ist natürlich. Es entsteht nach der Befreiung aus der Enge und den Leugnungen, die dem Verstand das Bewußtsein von Sicherheit und Beherrschung verleiht, und es vergeht, wenn wir uns in eine neue, weitere Identität einfügen. Wir erleben die Weite des Herzens, seine grenzenlose Anpassungsfähigkeit für die lebendige Gegenwart. Dann erkennen wir, daß wir als der ruhige, sanfte Beobachter eine Identität oberhalb und jenseits des Leidens haben. Diese Trennung des Selbst von den inneren Turbulenzen, mit denen es sich identifiziert, ist ein Meilenstein auf dem Weg zur Ganzheit. Indem wir dem Aufruhr des lange geleugneten Kummers mit einer ruhigen, stetigen Distanziertheit begegnen, sehen wir, daß er gar nicht viel mit dem zu tun hat, für den wir uns halten, daß das, was wir sind, sehr viel eher die von Liebe erfüllte Weite ist, in die man das Chaos hineinläßt, es annimmt und kommen und gehen läßt. Wir streifen dann die Identifikation mit dem Leiden ab wie eine Schlange ihre Haut. Diese Häutungen fallen weder Schlangen noch Menschen leicht. Doch wir müssen durch unser Leid hindurch, es in der leichten Berührung des Herzens spüren, um erfahren zu können, was in uns noch nicht gebrochen ist.

Wir müssen sogar Raum schaffen, um unseren Widerstand annehmen zu können. Wenn wir zum Beispiel mitten in der Nacht aufwachen, nachdem uns ein tiefer Kummer über einen Verlust überwältigt hat, müssen wir nur einige langsame, beruhigende Atemzüge machen und die Besonderheiten dessen, was in uns und um uns herum geschieht, wahrnehmen: das schmerzende Gefühl in Brust und Magen, die Leere in unseren Armen, das schräge Licht der Straßenlampe, das durch die Vorhänge fällt und so weiter. Das können wir mit sanfter Aufmerksamkeit und Respekt wahrnehmen. In jedem Augenblick üben wir, uns zu öffnen, aufzunehmen, was vor uns ist, ehe wir es ins Herz hineinlassen, ohne uns einzumischen, zu werten, zu leugnen oder festzuhalten.

Auf diese Weise finden wir Halt im Herzen und lassen den Strom der Gefühle über uns hinwegspülen. Wir fühlen uns verletzt; wir sehen, wie wir aus dem Herz heraus- und wieder in den Geist hineinfallen; wir nehmen wahr, wir haben es zugelassen, daß sich die Enttäuschung wieder einmal unserer bemächtigt; uns wird bewußt, daß wir in die Vergangenheit oder die Zukunft rasen; wir beobachten, wie das Verlangen aufsteigt, beharrt und nachläßt – und in diesem Prozeß kehren wir zum Herzen zurück, wobei wir alles Gegenwärtige anerkennen, alles annehmen, was sich unserem Einfluß entzieht. Und Tag für Tag, Augenblick für Augenblick ziehen wir uns aus dem Kampf gegen uns selbst und das Leiden zurück und treten immer häufiger in die gelebte Gegenwart ein.

Der Verstand befindet sich unaufhörlich in einem Zustand des Verlangens, stets ersinnt er irgendeinen Weg, dieses oder jenes zu bekommen oder zu vermeiden, wobei er denkt, daß ihm das ganze Umhergerenne Glück bringen wird.[8] Verlangen ist sein Beruf, Mangel seine Währung. *Der eigensinnige Verstand konzentriert sich darauf, was er nicht hat. Darum flieht er stets die gelebte Gegenwart.* Unser Verlangen projiziert uns in die Zukunft auf der Suche nach irgend etwas. Insofern wir ein Leben in der *Identifikation* mit unseren Wünschen führen, leben wir nicht hier und jetzt. Weil der Verstand gewohnheitsmäßig die Gegenwart verfehlt, die allein wirklich ist, ist er auch in Unsicherheitsgefühle verstrickt, die sich verstärken, wenn wir erfahren, daß die Dinge nur selten sind, wofür wir sie halten. Wenn es dem Verstand gelingt, seine Wünsche zu erfüllen, setzt rasch ein Gefühl der Unzufriedenheit ein; denn die wahre Wohltat, das zu bekommen, was wir wollen, besteht darin, daß *vorübergehend das Verlangen selbst ebenso*

[8] Selbst in dem Unheilsdenken, das wir möglicherweise so beunruhigend finden, kommt die Vernarrtheit des Geistes in Macht und Beherrschung zum Ausdruck.

wie die entsprechende Befreiung von der Spannung der
Getrenntheit aufhört, nicht in dem erreichten Ding. Der
Verstand versteht nie, daß das ganze im Grunde nichts
mit dem Erfüllen oder Nicht-Erfüllen dieses Verlangens
zu tun hat, sondern daß der wahre Schuldige die Identifikation mit dem Verlangen ist. In diesem Sinne schrieb
George Bernard Shaw einmal: »Zwei Tragödien gibt es
im Leben: Die eine, nicht zu bekommen, was das Herz
wünscht, die andere, es zu bekommen.«

Wir haben uns so lange mit den Wünschen des Geistes, seinen projizierten Erfüllungen und Enttäuschungen identifiziert, daß er uns am Ende beherrscht und wir
uns auf der »Suche nach Glück« in den Einstellungen und
Verhaltensformen einer *Sucht* verfangen können. An
dieser Stelle müssen wir uns einer mitleidlosen Definition stellen, die jedoch wesentlich ist, wenn wir Ganzheit
wiedererlangen wollen:

Leiden ist die Suche nach Schmerz.

Der leidende Verstand, der in der Falle seiner selbstzerstörerischen Methoden sitzt, beharrt: »Sieh doch, was
mir die Welt angetan hat! Mein Leben ist ruiniert!« In
solch einem Zustand stellen wir fest, daß Geist und Körper eingesperrt, starr und eingeengt sind. Das Bewußtsein ist gleichsam zur Faust geworden, ist keine offene
Hand mehr. Deshalb können wir nichts empfangen als
die Schleifen des zweiten Schmerzes unseres Kummers.
Weil uns jede Sucht in zerstörerischen Verhaltensmu-
stern gefangenhält, verschließt sie uns dem gegenwärtigen Augenblick und hält uns davon ab, das einzige Leben
zu empfangen, das wir haben: das Hier und Jetzt.

Jede Sucht beruht auf der Leugnung dessen, was die
süchtige Person im Herzen als wirklich erkennt. Darum
werden die diversen Zwölf-Stufen-Programme, die Tausenden geholfen haben, das eine oder andere Suchtver-
haltensmuster zu überwinden, von den Teilnehmern als

spirituell beschrieben, und darum auch wird darin so großer Wert auf das Zugeben, Annehmen und das Herauskommen mit der Wahrheit gelegt. Sind wir süchtig, weigern wir uns, die Dinge anzunehmen, wie sie sind, weil wir uns zu stark mit dem Verlangen, sie mögen anders sein, identifiziert haben. Mein Freund Saviz hat das einmal gut ausgedrückt, als wir uns über meine Liebesbeziehung unterhielten und darüber, wie wir den anderen nach unserem Bild schaffen. »Du hast diese Eigenschaft, nicht, weil du sie hast, sondern weil ich es will!« Soviel zum Thema Leidenschaft. Aber sie ist verzerrt, sobald wir spüren, daß das, wofür wir uns halten, von dem prekären Gleichgewicht abhängt, ob wir das erlangen, was wir irrtümlich als unseren Herzenswunsch bezeichnen. Diese Leugnung gestattet dem Verstand, die Jagd sogar noch angesichts klarer Indizien dafür fortzusetzen, daß das Gesuchte entweder derzeit nicht zu bekommen ist oder trotz seines Reizes nur zu unserem Unglück beitragen würde. Der Alkoholiker im Spätstadium, der »nur noch ein Glas« trinken will, ist davon überzeugt, daß diesmal alles ganz anders kommen wird – bis er abermals in einer Ausnüchterungszelle aufwacht und unter Delirium tremens leidet. Der zwanghafte Spieler, der das Geld für die Miete verspielt, glaubt fest, daß seine Zahl »dran« ist und gewinnen wird. Die Frau, dessen Mann sie seit Jahren schlägt, sagt dem Arzt, der ihr den gebrochenen Arm richtet: »Eigentlich ist er ja ein guter Kerl...« Um unsere Klemme zu rechtfertigen, überzeugen wir uns mutwillig von etwas, von dem wir in tiefstem Herzen wissen, daß es einfach nicht stimmt, bis die Realität über uns zusammenbricht; und dann leiden wir.

Demnach können wir unserer Sucht erst dann entkommen, wenn wir aufhören, die Gegenwart zu leugnen, aber gerade das tun wir ja, wenn wir rasend schnell den Urteilen und Schlußfolgerungen des Geistes folgen. Die Rückkehr zur Ganzheit beginnt mit der *Bereitschaft*, die gegenwärtige Realität zu beachten und anzunehmen, diesen Augenblick, jetzt, ganz gleich, was er einschließt. Die fehlende Bereitschaft, den Augenblick anzunehmen, wie er ist, läßt uns weiter leiden. Die Realität ist die Gegenwart, und in dieser leiden wir. Um zur Realität zurückzukehren, müssen wir dort beginnen, wo wir sind und einen ehrlichen Blick auf unser Leiden werfen. Möglicherweise empfinden wir uns als Opfer unseres Schmerzes, des Schicksals, der Taten eines anderen, doch haben wir nicht auf irgendeine Weise die schwierige Lage selbst verlängert?

Fragen Sie sich: Habe ich das Leiden zu einer Gewohnheit gemacht? Wann habe ich mich zum letztenmal ganz und gar lebendig gefühlt? Stecke ich in einem Denkmuster der Unzufriedenheit fest? Wie fühle ich mich, wenn ich morgens aufstehe – still und dankbar im Augenblick des Erwachens oder belastet von der Aussicht, wieder einem neuen Tag entgegenzusehen? Führe ich mit Freunden immer wieder die gleichen trübsinnigen Gespräche darüber, wie schlimm alles ist? Sich anderen anzuvertrauen ist ein doppelschneidiges Schwert: Es kann eine machtvolle Heilkraft darstellen, wenn jene, an die wir uns um Unterstützung wenden, uns so weit voraus sind, daß sich zwischen uns kein unbewußtes Zusammenspiel im Leiden ergibt.[9] Wenn hingegen die Unterstützung, die wir bekommen, das Gefühl, Opfer der Umstände zu sein, nur verstärkt, kann sie ein großes Hindernis darstellen. Das Mitgefühl und die nicht selten voreingenommene Zustimmung von Freunden und der Familie kann zwar als Rechtfertigung wirken, uns aber in unserem Verhalten gefangenhalten. Jeder Ratschlag, der uns nicht ermutigt, in uns hineinzuschauen, sich ehrlich der Rolle zu stellen, die wir in unserem Leiden spielen, wird sich letztlich gegen uns kehren. Wie süchtig nach

---

[9] Die Anonymen Alkoholiker und andere Selbsthilfegruppen, die damit befaßt sind, Suchtverhaltensweisen zu überwinden, bezeichnen diese Art von Unterstützung als »harte Liebe«.

Rechtfertigungen für unseren Widerstand gegen das, was geschieht, zu suchen, kann uns nicht vom Leiden befreien. Es vergrößert vielmehr das Problem, indem es das falsche Selbst, den eigensinnigen Verstand stützt, der die Opferrolle liebt. So entsteht ein Teufelskreis: Wir weichen vor der schmerzlichen Realität des Verlusts zurück, verleugnen ihn und suchen Unterstützung für die Leugnung – und auf einmal merken wir, wir leiden unter dem Widerstand, den Widersprüchen und der Nutzlosigkeit, die jedem Leugnen der Wirklichkeit zu eigen ist. Wir leiden sowohl unter der ursprünglichen Schuld des Schmerzes als auch unter den angesammelten Zinsen des Leidens. Und je mehr Verstärkung wir für unsere Leugnung anheuern, desto enger zieht sich die Schlinge des Leidens um uns zu. Sind wir dann von all dem ganz erschöpft, stellen wir womöglich fest, wir müssen umkehren und anfangen, auf das zu achten, was uns schmerzt, es in uns hereinzulassen, statt es wegzuschieben; wir es annehmen und in seiner Präsenz fühlen müssen, um uns davon befreien zu können. Damit sind wir zu einer entscheidenden Unterscheidung auf dem Weg zur Ganzheit gelangt:

Leiden ist nicht dasselbe wie Schmerz. Man kann
seelischen Schmerz verspüren, ohne zu leiden.
Das Leiden kann enden, wenn der Schmerz immer
noch besteht.

In der Alltagssprache gelten Schmerz und Leiden als identisch. Diese Gefühlszustände unterscheiden sich jedoch grundsätzlich. Der Schmerz ist eine natürliche, spontane Reaktion auf Bedingungen, die uns auf irgendeine Weise verletzen – körperlich, emotional, moralisch oder geistig. Er stößt uns von Zeit zu Zeit zu. Das Leiden hingegen ist die suchthafte Reaktion des Verstandes auf Schmerz. Es hat ihre Wurzeln im Widerstand gegen die

Realität, in dem Beharren, daß die Dinge anders sein sollen, als sie sind. Wenn wir uns mit dem Schmerz identifizieren, können wir keinen Raum schaffen, damit er kommen und gehen kann. Statt dessen verstärken wir ihn durch den Widerstand, so, wie der zweite Schmerz den ersten Schmerz verstärkt. Jemand hat einmal gesagt: »Schmerzen sind unvermeidlich, Leiden ist eine Option.« Schmerz kann Teil der Gegenwart sein; Leiden ist die Flucht aus der Gegenwart. Wenn der Schmerz zufällig Teil dessen ist, was im Augenblick real ist, ist die Leugnung des Schmerzes die Leugnung der Realität; und Letzteres ist eine brauchbare Definition für Wahnsinn. Wenn wir im Verstand leben, sind wir bis zu einem gewissen Grade tatsächlich wahnsinnig. Seelische Gesundheit stammt aus dem Leben im Herzen, aus dem liebenden Bewußtsein und der Annahme dessen, was ist, denn dies bedeutet, sich von Wunschvorstellungen zu lösen. Dies führt uns zum zweiten Wegweiser auf dem Weg zum Verständnis des Leidens.

Das Leiden kann nicht bestehen im Angesicht
des Realen.

Die alten Alchemisten konnten, so heißt es, Metall in Gold verwandeln. Das ist eine treffende Metapher, wenn wir verstehen wollen, daß wir durch die Bereitschaft, die Dinge zu sehen, wie sie sind, Leiden in normalen Schmerz verwandeln können. Dieser Weg führt zu einer tiefgehenden Heilung des Herzens, das durch den Verlust zerbrochen ist. Indem wir alles Wirkliche annehmen und die Leugnung aufgeben, können wir ins Leben zurückkehren. Wenn wir freiwillig das annehmen, was real ist, spüren wir möglicherweise immer noch Schmerz, doch ist dies bei weitem besser, als einen Zustand des chronischen Leidens zusätzlich zu dem Schmerz zu erdulden. Wir können die Umstände des Verlustes nicht beherrschen, doch wir können uns entscheiden, traurig über den Verlust zu sein, ohne uns mit dieser Traurigkeit so sehr zu identifizieren, daß wir aus nichts anderem mehr bestehen. Ohne diese Identifikation kann die Traurigkeit einfach nur Traurigkeit sein; sie muß nicht zur Verzweiflung, zur Verlorenheit werden oder zum Verlust des Selbst in einem chronischen, selbstverschuldeten, sich wiederholenden Drama führen.

Untersuchen wir, was real ist, entdecken wir womöglich einige der besonderen Methoden, mit denen wir uns gewohnheitsmäßig Leid zufügen. Der Begriff *Masochist* hat keinen angenehmen Beiklang – die meisten würden ihn nicht gern auf sich anwenden. Deshalb kann es ein Schock sein, wenn wir feststellen, daß wir infolge tiefsitzender, nicht geprüfter Überzeugungen, die aus dem Schmerz ein Heilmittel und die Fortsetzung des Schmerzes unvermeidlich machen, bewußt an einem Schmerz festgehalten haben.

Sitzen wir still mit unserem Leiden da, nehmen wir es mit rückhaltlosem Mitgefühl wahr, entdecken wir vielleicht subtilere Beweggründe für den Wunsch, suchthaft an dem Schmerz festzuhalten. Weiter unten führe ich acht Gründe dafür auf. Wenn Sie Ihre Gründe in einem davon wiedererkennen, nehmen Sie sich etwas Zeit, um die Bereitschaft zu fördern, zur Wahrheit zu kommen, sich zu erkennen und anzunehmen, wie Sie sind. Diese Bereitschaft lockert die Enge, die für jede Sucht typisch ist und bildet zugleich einen wichtigen Schritt nach vorn auf dem Weg zurück zum wahren Selbst.

1. *Recht haben wollen.* Insbesondere wenn wir in einem Elternhaus aufwuchsen, in dem Nichtrechthaben mit Schuldvorwürfen quittiert wurde, legen wir möglicherweise großen Wert darauf, recht zu haben. Unter der Oberfläche des Perfektionismus verbirgt sich oft ein tiefes Bedürfnis nach Sicherheit und die Angst vor Zurückweisung. Dies kann einen Menschen dazu bringen, sich eher die Zunge abzubeißen, sich und anderen Schmerz zuzufügen, als zuzugeben, daß er im Unrecht

ist, und somit die Forderung des Verstandes nach absoluter Autorität aufgibt. In der Kindheit wurde vielen von uns beigebracht, man dürfe keine Fehler begehen. Diese starre Einstellung schneidet uns von der natürlichen Weite, Geduld und Vergebung des Herzens ab. Vielleicht wünschen wir uns so sehr, man möge uns keine Schuld geben, daß wir halsstarrig an einer Position festhalten, von der wir im Grunde wissen, daß sie falsch und selbstzerstörerisch ist. Solange wir darauf bestehen, auf diese Weise unseren Irrsinn zu rechtfertigen, werden wir weiter leiden.

2. *Mangelndes Selbstwertgefühl.* Möglicherweise glauben oder fürchten wir, daß wir es nicht wert sind, das zu erhalten, von dem wir sagen, daß wir es uns wünschen; vielleicht haben wir das Gefühl, es wäre peinlich oder demütigend, wenn wir es bekämen, und zwar auf eine Weise, gegen die wir uns insgeheim sträuben. Im Fall eines extrem geringen Selbstwertgefühls können wir sogar glauben, wir verdienten es, zu leiden. Wenn ja, so erleben wir den Schmerz wahrscheinlich als Bestätigung unseres Minderwertigkeitsgefühls. Man könnte darauf den Satz von Groucho Marx anwenden: »Ich würde nicht gern einem Club angehören, der einen wie mich als Mitglied aufnimmt.« Schließlich fühlen wir uns zwar bestätigt, aber einsam, während wir weiter im Gefängnis der lieblosen Selbstverurteilungen des Eigensinns sitzen. Möglicherweise entwirft der Geist wiederholt Szenarien der Zurückweisung, die unsere selbstzerstörerischen Überzeugungen offensichtlich bestätigen. Das eigensinnige Wollen ist erfinderisch in der Schaffung sich selbst erfüllender Situationen, die wir erleben, als stießen sie uns zu, und nicht als von uns herbeigeführt. So verhalten wir uns vielleicht am Arbeitsplatz unverantwortlich, kommen zu spät, erledigen die Aufträge halbherzig und beklagen uns, wenn man uns hinauswirft: »Ich wußte ja, daß man mich hinausschmeißt, da hat mich sowieso niemand gemocht.« Ein geringes Selbstwertgefühl unter-

gräbt am Ende jede Beziehung, wofür man dann eine armselige Selbstbestätigung erhält. Das unübertroffene Beispiel für diese Logik ist der Fall des Hypochonders, der in seinem Testament niederschrieb, man solle auf den Grabstein schreiben: »Seht ihr, ich habe doch gesagt, ich bin krank.«

3. *Das Gefühl, lebendig zu sein*: Zumal, wenn uns die Fähigkeit abhanden gekommen ist, die Freuden und Schmerzen des Augenblicks zu spüren und darauf zu antworten, müssen wir möglicherweise leiden, um überhaupt das Gefühl zu haben, in unserem Körper zu sein. Haben wir lange wie betäubt gelebt, vermittelt uns der Schmerz ein Gefühl der Lebendigkeit. Es scheint dann besser, sich schlecht zu fühlen, als nichts zu fühlen.

4. *Das Gefühl der Sicherheit*: Auf paradoxe Weise kann das Leiden eine bequeme Sache sein – einfach deshalb, weil wir es kennen und weil es uns vor dem Gefühlsrisiko bewahrt, sich in eine unvorhersehbare Gegenwart zu wagen, die uns abverlangt, zu lieben, die Herrschaft aufzugeben, verletzlich zu sein, ein Wagnis einzugehen, das über unsere Schlußfolgerungen und Annahmen hinausgeht. Besser ein bekanntes Übel als ein unbekanntes.

5. *Eine Ausrede für Trägheit*: Möglicherweise gestattet uns das Leiden, daß wir uns in der Wut und in den Klagen und Schuldzuweisungen gerechtfertigt fühlen. So vermeiden wir die Verantwortung, uns einem freudigen, gesunden Leben, das in der Gegenwart wurzelt, zu öffnen. Die anderen stellen gewöhnlich keine Forderungen, wenn wir gekränkt, krank oder seelisch labil sind. Indem wir leiden, können wir auf subtile Weise jene Menschen rekrutieren, die bereit sind, auf der anderen Seite des Opfer/Retter-Melodrams zu spielen, und die Verantwortung für unsere Schöpferkraft und persönliche Entwicklung umgehen.

6. *Schmerz als Normalität*: Wir können nach bestimmten intensiven Spannungen in unserem Leben

süchtig werden. Anscheinend haben viele von uns nie das natürliche Gleichgewicht einer gesunden Bewußtheit erlebt, das entweder durch die Eltern oder den Partner vorgelebt wurde. Wenn wir zu lange der Gewohnheit gefolgt sind, uns mit den Dramen des Geistes zu identifizieren, kommen uns Gleichgewicht und Mäßigung fremd vor. Wir fühlen uns unbehaglich, wenn es uns gutgeht. Der Schmerz wird zur Normalität, so daß wir ihn suchen, um die seltsame Spannung, die die Abwesenheit von Leiden begleitet, zu lösen. Dies ist eine Form des »Ich bin es so sehr gewohnt, nervös zu sein, daß es mich nervös macht, wenn ich ruhig bin.«

7. *Anderen aus dem Wege gehen und sie kontrollieren*: Der Wunsch, Schmerz zu vermeiden, treibt uns im allgemeinen dazu, jenen, die leiden, aus dem Weg zu gehen. Das funktioniert auch andersherum: Indem wir selbst am Schmerz festhalten, können wir die anderen auf Distanz halten, was eine Möglichkeit ist, sie zu beherrschen. Hinter diesem Motiv liegt eine Angst vor Nähe und letztlich die Angst vor dem eigenen Herzen, vor der Liebe. Vielleicht bedeutete in der Vergangenheit, jemandem näher zu kommen, allein gelassen oder auf eine andere Weise tief verletzt zu werden. Jene, die uns emotionale Nähe in Aussicht stellen, erwecken in uns die alten, angesammelten Ängste und Zweifel, weil sie uns einen sicheren Ort bieten, sie zu spüren und freizugeben. Möglicherweise suchen wir Zuflucht im Leiden – als Form, diese anderen auf Distanz zu halten, obgleich wir widersprüchliche Botschaften aussenden und zur Nähe auffordern. Viele untergraben eine Liebesbeziehung aufgrund der tiefen Angst, sie zu verlieren. Das ähnelt dem Kind, das sieht, daß der tyrannische Spielgefährte kommt, und sofort selbst die Bauklötze umwirft, um dem Spielkameraden die Freude nicht zu gönnen. Die Sucht nach Schmerz kann dazu führen, daß wir damit rechnen, gekränkt zu werden, so daß wir eben das schaffen, was wir zu vermeiden suchen.

8. *Schuldgefühle vermeiden oder lindern*: Möglicherweise leiden wir auch, weil wir erlebt haben, wie andere Familienangehörige gelitten haben, und möchten nicht die Disloyalität empfinden, die damit einherginge, wenn wir ein glückliches Leben führten. Dieses »Schuldgefühl des Überlebenden« hat man bei den Überlebenden des Holocaust und anderer Greuel beobachtet. Außerhalb der Sphäre eines derartigen Traumas resultiert das Schuldgefühl meist aus geheimen Regeln und Aufträgen in den Familien, in denen es keine oder nur wenig Regeln und Aufträge gibt, die von ganzem Herzen kommen, und die jedes Mitglied dazu verurteilen, in dem gestörten System zu verbleiben. Gesund zu werden heißt untreu zu werden; also fällt es leichter zu leiden, als sich diesen Gefühlen der Disloyalität und der Schuld zu stellen und sie zu überwinden.

Bei allen diesen Gründen für das Leiden ist die Belohnung als Belohnung für den Leidenden gewöhnlich unsichtbar, weil das Leugnen eine entscheidende Rolle spielt. Ironischerweise üben wir uns zunächst in Verleugnung, um mit widrigen Umständen fertig zu werden, da die Verleugnung eine Frage des Überlebens ist. Das Kind einer gewalttätigen Mutter kann beispielsweise nicht akzeptieren, daß die Mutter es haßt, und mit ihrem Zorn töten will. Wir leugnen, um den Schmerz einer Realität zu vermeiden, die zu schmerzlich ist, als daß wir sie bewältigen können. Aber Verleugnung ist Widerstand, und dieser verstärkt letztlich nur den Schmerz und erzeugt einen Teufelskreis. Wenn der eigensinnige Verstand durch Erschöpfung zum Stillstand gekommen ist, haben wir die Chance, uns ein wenig über den Eigensinn hinaus zu öffnen. Dann werden wir uns der Verbindung unseres Herzens mit der einfachen, gelebten Gegenwart bewußt und spüren, daß der Ausweg aus dem Leiden darin besteht, nicht mehr davonzulaufen; sondern ehrlich unsere Wünsche anzuerkennen, aber auch unsere Süchte und Abhängigkeiten und die schmerzlichen Realitäten der gegenwärtigen Situation; »unsere tausend Engel und tausend Dämonen ohne Vorbehalte anzunehmen«, wie der Buddhismus lehrt; und eine Weile nichts zu tun, sondern still dazusitzen und alles zu beobachten, jeden Augenblick, von Anfang an. Dieses Bei-sich-sein, so wie man mit einem alten Freunde zusammensitzt – keine Ratschläge erteilt oder Fragen stellt, sondern einfach die Anteilnahme des *Da*-seins bietet –, kann eine besonders große Kraft entwickeln, wenn wir des Leidens aufrichtig überdrüssig sind und nicht mehr ein noch aus wissen. In diesem Nichtstun hat der spiralförmige Zyklus aus Schmerz/Verleugnung/Leiden die Chance, zur Ruhe zu kommen und sich selber erkennbar zu werden. Das Selbst gerät einen Augenblick lang außerhalb des Schwungs des zwanghaften Kreiselns des eigensinnigen Verstandes. Etwas Neues ist befreit worden und kann sich zeigen. Ein offener Platz regt sich im Herzen, eine Geräumigkeit, die die Fäuste, die zusammengebissenen Zähne, die angespannten Kiefer, die überspannte Seele öffnet.

Sich der eigenen Verleugnung zu stellen heißt, tief ehrlich einzugestehen, daß wir uns getäuscht haben. Das ist nicht leicht; wir klammern uns an die Täuschungen, aber die Ausflüchte des Verstandes können hinterhältig und dauerhaft sein. Wir alle identifizieren uns meistens bis zu einem gewissen Grad mit dem Geist und sind normalerweise stolz auf ihn: Wir sind der »Kapitän unseres Schicksals«, »der Herr unserer Seele«, auch wenn es uns und andere umbringt. Schlimmer noch: die Verleugnung scheint dem umgekehrten Prinzip zu folgen. Je empfindlicher wir auf den Schmerz reagieren, und je mehr wir ihn zu vermeiden suchen, desto hartnäckiger klammern wir uns an die Verleugnung der quälenden Realität. Gewiß, je mehr wir den Schmerz in einer bestimmten Situation leugnen, desto mehr werden wir leiden. Doch indem wir uns des Schmerzes bewußt werden, ihn eingestehen und auf innige Weise spüren, beginnt eine Zusammenarbeit mit dem Gesetz der Gegensätze: Das Nachgeben überwindet den Widerstand. Schmerzliche Lebensumstände werden im Laufe der Zeit vorübergehen, wenn wir es ablehnen, mit dem eigensinnigen Verstand zu konspirieren, indem wir sie verleugnen, wenn wir uns weigern, den zweiten Schmerz zu unterstützen. Wenn wir dies erkennen, stellt sich uns möglicherweise die Frage, wie wir jemals so energisch zum eigenen Verderben beitragen konnten.

Hier nun eine Übung, die Ihnen helfen wird, den Schmerz als gewöhnlichen Schmerz zu spüren, ohne darauf zu reagieren oder ihn zum Leiden zu dramatisieren. Setzen Sie sich still hin und holen Sie einige Male tief Luft, entspannen Sie sich. Wenn Sie ruhig sind und Ihre Mitte spüren, wenden Sie Ihre Gedanken dem aktuellen Verlust – der Situation zu, die Ihnen das Herz gebrochen hat. Dieser Gedanke kann Sie mit Angst, Kummer oder Wut erfüllen, doch ganz gleich, welches Gefühl hochkommt, setzen Sie sich dagegen nicht zur Wehr. Lassen Sie die Details in ihr Herz hinein, neben allen Gedanken, die damit verbunden sind. Spüren Sie den Schmerz, der bei dieser Erinnerung den Brustbereich füllt. Leisten Sie keinen Widerstand. Atmen Sie weiter. Wenn sich Ihre Augen mit Tränen füllen, lassen Sie es zu. Laufen Sie nicht von dem schlechten Gefühl davon, indem Sie sich elend fühlen, weil es Ihnen schlecht geht. Sie sind zu lange davongelaufen. Holen Sie tief, langsam Luft, erkennen Sie den Schmerz an, lassen Sie den Atem frei und stellen Sie sich vor, daß Sie auch den Schmerz herauslassen. Lassen Sie ihn in die Erde sickern oder in den Himmel steigen. Der Schmerz, den Sie spüren, ist im Augenblick Teil Ihres Lebens – er ist nicht Ihr ganzes Leben. Seufzen Sie noch einmal. Atmen Sie. Lassen Sie den Atemzug, den Schmerz los. Nehmen Sie den Augenblick an, wie er ist. Schaffen Sie Raum dafür in Ihrem Herzen. Kein Dagegen-Kämpfen mehr, kein Widerstand mehr. Sie haben das Recht, sich vom Leiden auszuruhen und die einfache Traurigkeit des Verlusts zu empfinden. Lassen Sie sie kommen, lassen Sie sie gehen. Fühlen Sie, atmen Sie, seufzen Sie. Ins Herz hinein. Der Augenblick, selbst des Schmerzes, ist ausreichend, wenn wir ihn annehmen, wie er ist.

9

Der Verstand ist wie Feuer – ruhelos, sich immer wandelnd, nützlich, wenn man ihn beherrscht, aber potentiell zerstörerisch. Die Hitze, die er ausströmt, ist die Hitze des Verlangens, und er verzehrt unser Bewußtsein so, wie die Flamme Sauerstoff verbraucht. Fast im selben Augenblick, da wir das Erwünschte bekommen, verwandelt sich unsere Erregung und unser Enthusiasmus in Asche, und der Geist begibt sich auf die Suche nach neuem Brennstoff. Das ist seine Natur, der Geist kann ein unschätzbarer Diener sein. Der Ärger beginnt, wenn wir uns mit dem Geist identifizieren und ihn fälschlicherweise für das halten, was uns ausmacht. Dann wird er zu unserem Herrn, und auf einmal sind wir es, die in Flammen stehen. Und während ein Gefühl der Getrenntheit in uns brennt, führen wir möglicherweise ein Leben, das von Kummer, Entfremdung, Angst, Enge und Heimweh verzehrt wird.

Es gibt eine Geschichte über eine Gruppe von Inselbewohnern, die auf die Jagd nach Wild gehen. Ihr Lieblingsfleisch liefern die auf der Insel lebenden Affen, so daß sie eine pfiffige Methode ersonnen haben, um die Affen zu fangen. Sie nehmen eine Kokosnuß, schneiden ein Loch hinein, das gerade groß genug ist, daß die Hand eines durchschnittlich großen erwachsenen Affen hineinpaßt, und höhlen die Frucht aus. Dann legen die Be-

wohner etwas Reis oder eine Frucht als Köder in die Kokosnuß und binden eine Liane durch ein zweites, kleine-
res Loch auf der anderen Seite der Kokosnuß. Schließlich
binden sie das andere Ende der Liane an einem Baum fest.
Dann entfernen sich die Jäger und warten in der Nähe der
Falle.

Früher oder später nähert sich ein Affe der Kokosnuß,
sieht den Reis, steckt seine Hand hinein und greift zu.
Sofort ist er gefangen, da das Loch, das gerade so groß
ausgeschnitten ist, daß er die Hand hineinstecken kann,
seine *Faust* nicht mehr freigibt. Der Affe gerät in Panik
und schlägt wild um sich, wobei er die Hand noch fester
schließt, die – wenn er sie nur öffnen könnte – ihm die
Freiheit wiedergegeben würde. Solange er den Reis weiter in der Faust hält, ist er verloren. Je fester er zupackt,
desto fester hält ihn die Falle gefangen. Sobald die Jäger
den Lärm hören, stürzen sie herbei. Hier endet die Geschichte.

Die Geschichte trifft eine deutliche Aussage über den
Unterschied zwischen Schmerz und Leid. Oft haben wir
es selbst in der Hand, uns zu befreien, aber das Verlangen
des Verstandes, Schmerz zu vermeiden, ihn zu leugnen
und von ihm loszukommen, ist so stark, daß wir es nicht
erkennen, und so, ohne es zu wissen, zulassen, in ein viel
größeres Elend zu geraten als dasjenige, das wir uns ersparen wollten. Wir werden zu unseren eigenen Jägern
und unserer eigenen Beute. In dieser Geschichte über die
Inselbewohner ist das suchtartige Verlangen des Affen
natürlich sein zwanghaftes Verlangen nach Reis. Als er
nicht loslassen will, verfällt er in eine Art Verleugnung
und sieht nicht mehr die Möglichkeit einer leichten
Flucht. So wird sein Schicksal von dem zweiten Schmerz
der Panik besiegelt.

Nehmen wir an, der Affe verfüge – wenigstens einen
Augenblick lang – über die Fähigkeit gesteigerter Selbst-
wahrnehmung. Er könnte innehalten, schauen, lauschen, darüber nachdenken, was geschieht und – was am

wichtigsten ist – über seine zwar unbewußte, aber entscheidende Mitwirkung nachdenken. Er könnte aus dem sich steigernden Grauen des Verlangens und der Panik heraustreten, was das Tun der eingeschlossenen Hand ins Rampenlicht der Wahrnehmung rücken würde. Dann würde er erkennen: wenn er den Griff entspannen würde, mit dem er den Reis hält, könnte er die Hand ebenso leicht aus dem Loch ziehen, wie er sie hineingesteckt hat – eine nicht zu leugnende Tatsache, wenn man die Panik, die Spannung und die Bindung um jeden Preis einen Augenblick lang unterbricht. In dieser Pause des Nachdenkens könnte sich ihm das Offensichtliche zeigen, und zwar als etwas völlig Neues. Der Affe könnte die Hand öffnen. Er könnte entfliehen. Er könnte leben. Aber er schafft es nicht, also stirbt er buchstäblich durch eigene Hand.

Uns Menschen ergeht es ähnlich. *Unser Leiden verbirgt den erträglichen Schmerz.* Es wandelt das Schmerzliche in etwas Häßliches, das Tragische in eine Katastrophe. Es sperrt uns in das Drama unserer schwierigen Lage. Selbst wenn wir fürchten, der Schmerz bringt uns noch um – indem wir uns dem riesigen Raum und der Widerstandskraft unseres Herzens öffnen, können wir unsere Identifikationen weg vom Schmerz und hin zu unserer natürlichen Macht und Ganzheit verschieben, uns von dem Leiden befreien und am Ende mehr Lebendigkeit erleben und nicht weniger. Der Schmerz mag immer noch vorhanden sein (der Affe bekommt den Reis nicht), aber wir können mit dem Schmerz leben; er ist *Teil* des Lebens – und er vergeht mit der Zeit. Den Schmerz als Schmerz zu spüren heißt, wir sind lebendig. Doch wenn wir ihn *erleiden*, wenn wir uns mit ihm identifizieren, sind wir noch nicht ganz lebendig.

Hier ein anderes Beispiel, das zeigt, wie die Tagesordnung des Verstandes gegen uns arbeiten kann: Stellen Sie sich eine Kuh vor, die zwei Meter von der Stalltür entfernt steht, den Blick auf die offene Tür gerichtet. Die Kuh trägt ein Seil um den Hals. Stellen Sie sich nun vor, wie Sie das

Seil nehmen und an diesem 500 Kilo schweren Tier ziehen, das keinerlei Absicht hat, mit ihnen zusammenzuarbeiten; aber es soll in den Stall hinein. Sie können solange ziehen, bis ihnen die Augen aus dem Kopf quellen – die Kuh rührt sich nicht vom Fleck. Die Anstrengung, die erforderlich ist, das Tier zu bewegen, gleicht der Leidenschaft, mit der wir versuchen, Ereignisse herbeizuzwingen, gegen die sich die Realität, aus dem einen oder anderen Grund, sträubt. Stellen Sie sich nun vor, wie Sie das Seil loslassen, um die Kuh herumgehen und sich hinter sie stellen, ihren Schwanz nehmen und vom Stall *fort*ziehen. Nun marschiert die Kuh, die dieses Ziehen von hinten spürt, von Natur aus bockig, in den Stall. Oder vielleicht auch nicht. In diesem Fall stehen Sie da mit der Kuh und atmen besser tief durch, statt weiterhin Ihren Atem zu vergeuden.

Die Geschichte verdeutlicht, was geschieht, wenn wir etwas loslassen, das uns so drängend erscheint, daß wir uns einer größeren Realität öffnen können als derjenigen, in der wir festsitzen. Wir müssen das Seil loslassen, ehe wir die Kuh am Schwanz packen und etwas Neues versuchen – etwas, das berücsichtigt, daß es keinen Sinn hat, sich gegen die widerspenstige Natur der Kuh (die schmerzliche Realität) zu wehren. Das erreichen wir nur, wenn wir erkennen, daß unser Beharren selbstzerstörerisch ist und uns lediglich erschöpft. Indem wir das Seil loslassen, schaffen wir Raum für etwas anderes. Praktisch gesehen, müssen wir, ehe wir »das Seil in einer Situation loslassen« können, in der wir eigentlich ein Ergebnis erzwingen wollen, *im Inneren* Raum schaffen, indem wir die Selbsttäuschung aufgeben, wir könnten »die Kuh mit dem Kopf voran« in den Stall ziehen. Aus der Sicht des Verstandes fühlt sich das *Loslassen des Seils so an, als verlören wir alles, vielleicht sogar unsere Identität.* Aber das wahre Selbst in uns weiß, daß es befreiend und heilend ist, die Realität anzuerkennen und anzunehmen, statt sie zu bekämpfen.

Manchmal können wir dadurch Mut fassen, daß unser Leiden, das gar nicht nachzulassen scheint, vielleicht auf nichts anderem beruht als auf einem falschen Selbst-Gefühl, und daß wir das Leiden, indem wir uns unserer wahren Identität bewußt werden, überwinden können. Bei dieser Wandlung geht es größtenteils darum, auf unsere Wünsche so lange achtzugeben, bis wir erkennen, ob sie in Übereinstimmung mit den Erfordernissen der Gegenwart sind, und sie – sind sie es nicht – liebevoll wahrzunehmen, zu Herzen zu nehmen und loszulassen. Sobald wir alles in unserer Macht Stehende getan haben, um eine Situation zu beeinflussen, und gescheitert sind, können wir in die entgegengesetzte Richtung gehen: uns vom Verstand befreien und erkennen, daß das Leben größer ist als unsere Tagesordnung. Das bedeutet, daß wir willens sind, uns etwas Größerem als unserem Willen zu beugen, etwas, das wir nur von fern spüren und vielleicht unmittelbar hinter den Strategien des Geistes wartet. Dann können wir uns langsam akzeptieren. Die Freude, am Leben zu sein, kann uns ganz plötzlich überkommen, wenn wir all das loslassen, was uns auf Distanz hält, und die Arme öffnen, um es zu empfangen, statt sie in deprimierter Selbstumarmung zu schließen.

In unserem Herzen sind wir bereits ganz. Wir müssen lediglich das Bewußtsein erweitern, so daß wir die natürliche Freude, die Anmut und Zulänglichkeit in der gelebten Gegenwart erfahren. *Wir müssen nicht uns ändern, sondern nur unsere Wahrnehmung von uns selbst.* Wie die Sonne, die immer scheint, ungeachtet der Erdrotation oder einer dichten Wolkendecke, ist auch unsere ursprüngliche Identität hell, offen, großmütig und ohne Vorbehalte lebendig. Vorübergehend kann sie jedoch von den Täuschungen des Selbst verdunkelt sein, verborgen im dichten Nebel unseres Liebeskummers. Wir müssen dieser Täuschungen gewahr werden und über sie hinausgehen – dorthin, wo wir wirklich sind.

Manchmal drängt sich uns das Gefühl, festzustecken,

immer stärker auf, weil wir nicht wissen, was wir noch tun sollen. Es ist, als schriee das leidende Selbst: »Ich weiß nicht, *wie* ich mich davon lösen soll! Es tut wirklich wahnsinnig weh! Wie soll ich das bloß ändern?« Aber das ist reiner Verstand, der dem *Wissen* ungeheure Bedeutung beimißt. Denken Sie einmal darüber nach. Der Geist will immer recht haben. Also wartet er mit guten Gründen und endlosen Argumenten auf – mit *Beweisen*. Oft ist »*Wissen*« allerdings ein eindrucksvolles Wort, das der Verstand benutzt, um seine Gewohnheit, Schlüsse zu ziehen zu verteidigen, mit der er uns seine Wertungen der Gegenwart auferlegt und so die Gegenwart verfehlt, den einzigen Ort, an dem er befreit werden kann. Der Verstand meint, alles Tun hänge davon ab, daß man weiß, wie's geht. Theoretisch betrachtet stimmt das, doch was das Leben in der gelebten Gegenwart betrifft, ist dieses »Know-how« ohne Belang, höchstens vielleicht im umgekehrten Sinn. Wir können uns eher im Herzen niederlassen, wenn wir annehmen, wie *wenig* wir wissen, wenn wir das Urteilen aus Achtung vor der wundersamen Gegenwart aufgeben. Ironischerweise finden wir ringsum Beweise für *diese* Wahrheit, und der Verstand verfehlt sie nur deshalb, weil er sich weigert, das Offensichtliche anzuerkennen. Wenn wir beispielsweise wissen müßten, wie man vom Sofa aufsteht und das Zimmer durchquert, würde man nie auch nur den ersten Schritt tun. Ohne unser Wissen wird die Absicht in Nervenimpulse umgewandelt, und die Muskeln reagieren entsprechend. Ein anderes Beispiel ist die Umwandlung von Essen in lebendiges Gewebe. Wir haben Glück, daß der Körper uns nicht erst konsultiert, um herauszufinden, ob wir wissen, wie's gemacht wird, ehe er loslegt. Letztlich wissen wir nicht, wie wir atmen und denken, wie wir fühlen, wie wir Krankheiten und Verletzungen ausheilen, wie wir lieben, wie wir einen Satz zusammensetzen und ihn aussprechen, ohne vorher alle Wörter im Kopf zu haben, die wir sagen wollen. Und doch gelingt es uns, dies alles ohne Bewußtsein, auf natürliche, den vorhandenen Bedürfnissen entsprechende Art zu tun. Auf dieselbe Weise können wir über das Leiden hinausgehen und unsere Ganzheit wiedererlangen, ohne die Gründe zu kennen. Das Leben hat uns alles Nötige gegeben, daß wir eine liebevolle Aufmerksamkeit entwickeln und am Ende herausfinden, wir *sind* tatsächlich das weite, spontane Bewußtsein, in dem alle Gedanken, Gefühle und Phänomene aufsteigen und wieder untergehen, jeden Augenblick.

Weniger leicht ist in dieser Verwirrung über die Rolle des Wissens die irrige Vorstellung zu erkennen, man müsse etwas anders machen. Auch hier sehen wir die Ruhelosigkeit des Verstandes, der immer etwas anstellt, nie einfach darauf achtet, was bereits getan, bereits gegeben ist. Das Schwerste für den Verstand ist zu begreifen, daß man nichts zu tun braucht. Das Herz ist bereit. Eine ungeteilte, offene Wahrnehmung ist nur möglich im einzelnen Augenblick, weil das Wesen unserer Identität Ganzheit und Offenheit ist, nicht Getrenntheit und Widerstand. Wenn wir einen Alptraum haben, glauben wir vielleicht, daß wir das Ungeheuer erschlagen müssen, tausende tiefe Gewässer durchschwimmen oder über einen lodernden Abgrund in Sicherheit springen müssen. Tatsächlich aber liegen wir bereits sicher im Bett und schlafen. Wir müssen nur aufwachen und dies erkennen, dann ist der Alptraum vorüber.

Wir können Mut fassen und unserem normalen Menschenverstand vertrauen. Es verblüfft mich immer wieder, wie mühelos wir selbst die schwierigsten Probleme lösen können, wenn wir uns hinsetzen, ein paarmal tief Luft holen, ehrlich mit uns sind und nicht mehr sagen: »Ich weiß nicht«, sondern unsere Weisheit zu uns sprechen lassen. Dann können wir »Das Beste geben, das Beste erhoffen und akzeptieren, was kommt«, wie es James Fitz-Stephens so schön formuliert hat. Die Sonne ist da, sie scheint hinter der Wolkendecke. Wir müssen uns nur nach ihr umdrehen.

10

Der Verstand ist so gerissen, daß er sogar seine Eigensinnigkeit maskieren kann. Dann erkennen wir nicht, daß wir am Schmerz festhalten. Solange wir aber in diesem Wachschlaf verharren, blind für unsere Komplizenschaft, läßt sich der Knoten des Leidens nicht lösen. Deshalb müssen wir nach Zeichen des Leidens inmitten des Schmerzes Ausschau halten – nach Spuren im Schnee, Orten, an denen der laufende Monolog des Geistes innehält und die heilende Suche des wahren Selbst ins Bewußtsein schlüpft, wenn auch nur kurz, ehe sie wieder vom Rush-hour-Lärm der Tagesordnungen des Verstandes übertönt wird. Ein derartiger Hinweis, daß wir am Schmerz festhalten, und im Leiden festsitzen, ist das *Klagen*. Nun schließt das Klagen *nicht* ein, einem Freund unser Herz auszuschütten und ihm unseren Schmerz anzuvertrauen. Diese Art Vertrauen und Befreiung der Gefühle ist das Wesentliche, wenn wir über die Identifikation mit dem Schmerz hinausgehen und schließlich im Bewußtsein des nicht gebrochenen Herzens ankommen wollen. Das Klagen hingegen kann mit dem Gefühl der Selbstgerechtigkeit einhergehen, doch beinhaltet es weder echtes Vertrauen noch Offenheit, noch Heilung. Es ist ein Falschspiel, denn es hält uns nur weiter fest. Der eigensinnige Verstand beschwert sich über alles und jedes: die Nachrichten, das Wetter, das Essen, die Art, wie unser Partner die Zahnpastatube nicht zuschraubt oder die Schubladen offen stehen läßt, die Steuer, Arbeitskollegen – die Liste ist endlos. Möglicherweise klagen wir über einen herzlosen Gott oder geben einem sinnlosen Universum die Schuld an Greueln und anderen Ereignissen, die unser moralisches Empfinden verletzen. Darin finden wir dann eine geheime Befriedigung, und deshalb drückt sich der Verstand auch so oft durch Kritik aus. Ich erinnere mich noch an mein Philosophiestudium. Selbst

die Erstsemester konnten sofort erkennen, wo die Grenz-
linie im Fachbereich verlief. Auf der einen Seite standen
die sogenannten analytischen Philosophen, die logischen
Empiristen und Logiker und harten Empiriker. Auf der
anderen Seite gab es die Vertreter der Lebensphilosophie,
die Phänomenologen, Pragmatiker und sokratischen
Denker. Diese beiden Lager repräsentierten, vereinfacht
ausgedrückt, Kopf beziehungsweise Herz. Das Kopf-Lager sah das Herz-Lager als einen Haufen von Träumern,
wilden Mystikern und in Selbsttäuschung befangenen
Romantikern, die die »legitime« Philosophie aufgrund
verschwommener und subjektiver Zielsetzungen perver-
tieren. Das Herz-Lager betrachtete das Kopf-Lager als ri-
gide Gruppierung von Marionetten, die nach der Pfeife
einer herzlosen Melodie tanzten und den lebendigen Im-
puls der »Philosophie auf dem Marktplatz« in trockene,
seelenlose Formeln der Spekulation und Theorie ver-
kehrten. Das ist zwar ein wenig übertrieben ausgedrückt,
trifft aber den Kern. Es handelte sich um die klassische
philosophische Dualität im modernen Gewand von Aka-
demia: Wesen gegen Erscheinung, Geist gegen Körper,
das Eine gegen die Vielen, Verstand gegen Herz. Die Studenten schlugen sich von Semester zu Semester der Seite
des einen oder anderen Lagers zu, verbündeten sich mit
ihren Lieblingsprofessoren, die zwar ihre Kollegen von
der anderen Seite der Trennlinie, die mitten durch die
Fakultät verlief, respektierten, aber auf eine sehr kalt-
distanzierte Weise. Und obwohl jede Seite einen Teil der
Wahrheit besaß, waren beide so sehr von ihrem Eigensinn beherrscht, daß es nur selten vorkam, daß der eine
die Lehren des anderen zu schätzen wußte. Entscheidend
aber war: man brachte den Studenten bei, daß Denken
heißt, kritisch zu sein. Man galt als guter Student, wenn
man ein Argument zerpflücken, die Fehler in einem Ge-
dankengang aufzeigen und diesen dann bis zur Absurdi-
tät reduzieren konnte. Hier mehr als irgendwo sonst
zeigt die moderne Philosophie ihr wahres Gesicht, näm-

lich, daß sie irgendwo vom eigensinnigen Verstand zur Geisel genommen worden war.

Außerhalb der Säle der Universität zeigen wir dieselbe Art Glauben an den kritischen Geist, wenn wir uns dem Klagen hingeben. Das verräterischste, entscheidende Kriterium des Klagens ist seine *völlige Unwirksamkeit*. Wenn wir auf neutrale, nichtwertende Weise aufmerksam sind, stellen wir fest, daß wir uns bei jemandem beschweren, der nicht in der Lage ist, das Problem zu lösen. Und das tun wir, weil der wehklagende Geist keine Lösungen gebrauchen kann. Sein einziges Interesse besteht darin, den Widerstand im Klagen zu spüren, was sein Selbstgefühl stärkt. Hier eine feinsinnige Tatsache der Geist-Identität: Der eigensinnige Verstand sucht die Welt in seiner Umgebung zu beherrschen (insbesondere andere Geiste), weil es seine Stärke im Widerstand spürt. Demnach ist Widerstand für den Verstand das wichtigste. Und so ist es gar nicht überraschend, daß Menschen, die sich stark mit ihm identifizieren, eine Menge Probleme haben, loszulassen, Fehler einzugestehen oder sich zu entschuldigen – alles Dinge, für die man seinen Widerstand aufgeben muß.

Somit leugnen die Klagen nicht nur die natürliche Fähigkeit des wahren Selbst, auf schöpferische Weise mit Problemen umzugehen – der klagende Geist ist darüber hinaus ein Betrug: Er *tut* nämlich *so*, als wolle er unbedingt das ändern, worüber er sich beklagt, in Wahrheit hat er jedoch gar kein Interesse daran. Vielmehr dient die Klage dem Zweck, das Bedürfnis des Geistes nach Widerstand und Beherrschung zu befriedigen, wobei er uns *glauben* macht, daß es ihm wichtig ist, er jedoch keinerlei Interesse zeigt, das eigentlich wirklicher Fürsorge entspringt. Mit anderen Worten: Klagen sind eine Verkleidung, die der Verstand anlegt, um uns von der Erkenntnis abzuhalten, daß er *kein lebendiges Interesse an dem hat, worüber er sich beklagt*. Der klagende Geist ist von Widerständen beherrscht, so daß er immer etwas braucht, dem er sich widersetzen kann. Er klagt, um sich hinter dem Mangel an Fürsorge und der eilfertigen Bequemlichkeit des leeren Protestes zu verstecken, ist aber nicht bereit, selbst eine Haltung zu formulieren, und die Vision und das Ziel, die er seiner *Behauptung* nach hat, zum Leben zu erwecken.

Interessanterweise fühlt sich der Geist fast immer in seinen Klagen gerechtfertigt, doch am Ende wird er seiner Unwirksamkeit selber überdrüssig. Wenn er ausreichend ermattet ist, und wir ein wenig Achtsamkeit entwickeln für das, was geschieht, wenn wir uns beklagen – was der Klage vorhergeht, was dabei geschieht, was folgt –, geht uns womöglich auf, daß das Klagen in Wirklichkeit nichts anderes als das Ausagieren der Opferrolle ist. Sobald wir uns dessen bewußt sind, sind wir frei zu wählen, weiterhin das Opfer zu sein, oder wir treffen eine andere Wahl. Und in diesem Augenblick der Bewußtheit werden wir wahrscheinlich nicht länger in der Opferrolle bleiben, weil sie wenig Spaß macht und keiner selbsternannte Opfer mag. Sobald uns das Bewußtsein von der Tyrannei der Gewohnheit befreit hat, können wir die Dinge, über die wir uns, von einem inneren Drang getrieben, beklagen, als Chance sehen, herauszufinden, wie ehrlich wir es mit uns und anderen meinen, wie sehr wir an den Dingen interessiert sind, von denen wir es behaupten, und wie weit wir aus dem mitfühlenden Herzen in den Verstand zurückgefallen sind. Dann hören wir auf zu klagen und beginnen zu handeln. Es besteht kein Grund zum Klagen, wenn wir mit unserem spontanen Enthusiasmus und unseren Fähigkeiten in enger Verbindung stehen und uns bewußt sind, wer wir sind.

Eine Übung: Denken Sie an etwas, worüber Sie sich unlängst beklagt haben, und überlegen Sie dann, was Sie dagegen zu tun *bereit* sind. Wenn Sie merken, Sie sind dazu nicht bereit, dann haben Sie den klagenden Geist dabei ertappt, wie er seine Sorge vortäuscht. Seien Sie aufmerksam; beobachten Sie, ohne zu bewerten. Da Ihnen das Problem in Wahrheit nicht so wichtig ist, daß Sie sich an dessen Lösung begeben, fragen Sie sich, was Sie von Ihren Klagen haben. Spüren Sie die *Überlegenheit*, wenn Sie sich hinter dem klagenden Geist verstecken, wie die Klagen dessen Getrenntheitsgefühl stärken. Identifizieren Sie dann ein Problem, zu dessen Lösung sie bereitwillig etwas unternehmen würden. Wenden Sie Ihre Aufmerksamkeit Ihrem Herzen zu und werden Sie sich dessen bewußt, was Sie gern tun würden, um die Lösung des Problems herbeizuführen. Vermutlich werden Ihnen sofort ein halbes Dutzend Ideen einfallen. Nehmen Sie das Gefühl der Erfüllung wahr, die die Wahrnehmung des natürlichen Ausdrucks der Herzenssorge durch anteilnehmendes Handeln begleitet. Wenn wir es üben, den Augenblick liebevoll kommen und gehen zu lassen, gibt es nichts mehr, worüber wir klagen. Diese Liebe macht die Dinge handhabbar. Menschen, die aus dem Herzen leben, gehen voll Begeisterung in den Tag, weil sie in ihrer wahren Identität wurzeln. Sie wissen, daß Sie etwas bewirken können.

11

Die Gespenster der vielen Verluste, selbst derjenigen, die noch aus der Kindheit stammen, können uns zu Bewußtsein kommen, als hätte unser Kummer sie herbeigerufen. Der Verstand ist von Natur aus eng und abwehrend. Er ist schlecht ausgestattet, diesen Gespenstern die Anteilnahme und Befreiung zukommen zu lassen, nach der sie sich zutiefst sehnen, und kann dieses Aufsteigen der inneren Nebel und Schatten als Generalangriff erleben. Ehe wir uns versehen, sind wir im Krieg mit unserem

Innern. Der Geist rast und wirbelt umher und versucht, mit einer Geschichte über die Ereignisse aufzuwarten, die ihm ein gewisses Maß an Kontrolle zurückgibt und aus so viel Fühlen klug wird. Aber diese Geschichten sind unweigerlich mit der Angst und dem Konflikt erfüllt, die der Geist-Identität innewohnen. Und wenn wir diese Geschichte dann für die Wahrheit halten, verfangen wir uns rasch in den Tentakeln der Selbstbewertung und -rechtfertigung, des Unheilsdenkens, der Klagen und des zweiten Schmerzes. Demgegenüber können wir uns helfen, wenn wir aus der Prozession dieser privaten Schreckensvorstellungen ausscheren, indem wir die Einzelheiten der Gedanken, Gefühle und körperlichen Empfindungen wahrnehmen, noch während sie durch unser Bewußtsein ziehen – zum Beispiel, ob der Schmerz in der Brust oder im Hals aufsteigt, wie tief er in den Körper reicht, jede Phase oder Verschiebung hinsichtlich ihrer Intensität, alle Bilder, die uns einfallen, alle Erinnerungen und so weiter.

Wenn ein Gefühl oder eine Empfindung entsteht, achten Sie also darauf, holen Sie tief Luft und atmen Sie aus, und achten Sie dann noch *genauer* darauf. Untersuchen Sie die damit einhergehenden Gefühle und Bilder. Haben Sie sich schon einmal so gefühlt? Wann? Was ist danach geschehen? Ist diese frühere Situation in Ihren Träumen aufgetaucht, mit den besonderen Umständen des Verlusts, und hat sie eine Art hybriden Schmerz erzeugt? Weckt die Traurigkeit infolge der gegenwärtigen Lage zärtliche oder schmerzliche Erinnerungen an den einen oder anderen Elternteil? An den Großvater, die Großmutter? Einen anderen Verwandten? Hat der letzte Liebeskummer etwas Vertrautes? Worin besteht es? Unser Leben lang hat man uns aus dem Herzen vertrieben. Oft gehen die Verletzungen weiter zurück, als wir ahnen, und die Verluste, die wir als Erwachsene erleiden, können Erinnerungen und Assoziationen an Verluste auslösen, die wir vor langer Zeit erlebten, mitunter an mehrere gleichzeitig. Das heißt nicht, daß wir die Vergangenheit nach toten Beziehungen durchstöbern sollen – auch hier gilt: Der Verstand kann ein gebrochenes Herz nicht heilen. Manchmal aber ist uns nicht einmal klar, was mit uns los ist. Um dies herauszufinden, müssen wir den Willen haben, uns alles zu vergegenwärtigen, alles zu fühlen, durch die vergessenen Länder der Vergangenheit zu wandern, um nach Hause zu gelangen. Ein naher Freund oder ein guter Therapeut kann uns als Führer durch diese schmerzlichen Übergänge begleiten und helfen, die Verletzungen ins Bewußtsein dringen zu lassen, so daß wir uns ihnen stellen, sie anerkennen, fühlen und befreien können. Möglicherweise müssen Sie über Dinge weinen, für die Sie sich nie Zeit gelassen haben. Bei einem Großteil unserer Trauer und unserer Freude waren wir nicht »anwesend«. Doch früher oder später finden die Gefühle, die wir unterdrückt haben, den Weg an die Oberfläche zurück und fordern ihren Tribut.

Eine liebevolle Wahrnehmung kann uns von lange bestehenden Leidensmustern befreien. Ich habe wohl noch keinen Menschen kennengelernt, der keinen riesengroßen Schmerz im Herzen trägt. Insofern ist jeder von uns eine Art Held. Mein Freund Charlie Bell schrieb einmal: »Am Morgen aufzustehen ist eine todesverachtende Handlung.« Wir schleppen so viel mit uns herum. Diejenigen, die ein gewisses Gespür dafür entwickelt haben, wissen das, und arbeiten daran, immer bewußter zu werden, daran, den Griff des Leidens und der Vergangenheit zu lockern. Dabei scheint es fast zu einfach, daß wir damit anfangen können, unsere gewohnheitsmäßige Gefühlslähmung und die chronischen, sich wiederholenden Muster des zweiten Schmerzes abzuwerfen, einfach indem wir üben, in der Gegenwart zu sein. Aber wie wollen wir die heilende Kraft der ungehinderten Stille kennenlernen, wenn wir sie nicht erleben? Und wann sind wir wirklich still, wirklich gegenwärtig für das, was hier und jetzt geschieht? Wenn wir beispielsweise Auto fahren,

fahren wir einfach nur, oder tun wir nicht gleichzeitig hundert Dinge im Geist? Haben wir der Gegenwart eine Chance gegeben? Haben wir wenigstens einmal das Steuerrad gespürt, wahrgenommen, wie der Sitz unter uns nachgibt und uns trägt, die vorbeihuschenden Formen und Farben, den geordneten Strom des Verkehrs, die Art, wie die Hitze in Wellen von der Straße aufsteigt, die plötzliche Beschleunigung des Wagens vor uns, der bei Gelb über die Kreuzung fährt, und so weiter, jeden Augenblick, wie er ist, – und dies alles ohne die Gedanken, Tagesordnungen und Urteile, die an jeder Biegung unsere Gedanken redigieren? Der amerikanische Dichter Ralph Waldo Emerson beschreibt diesen Zustand der offenen Wahrnehmung in *Nature*: »Wenn ich auf dem nackten Boden stehe, verschwindet jeglicher niederträchtiger Egoismus. Ich werde zum durchsichtigen Augapfel. Ich bin nichts; ich sehe alles; die Ströme des Universellen Seins durchfließen mich.« Selbst ein bißchen Zeit, das man in der liebenden Bewußtheit der Gegenwart verbringt, kann eine ungeheuer große Heilkraft auf das gebrochene Herz entfalten. Denn während wir weiter diese bewußte Wahrnehmung üben, erkennen wir, daß *dieses »Ich«, mit dem wir uns identifiziert haben, in Wahrheit bloß eine weitere Kopfgeburt ist!* Es gibt kein getrenntes »Ich«. Es gibt nur diesen Augenblick, das Bewußtsein für das Leben in seiner Dauer, wie es ist, jetzt, mit all dem, was sich zeigt, einschließlich der wahrnehmenden Person. Der Augenblick steigt auf, zeigt sich, vergeht – und geht über in den nächsten und den nächsten und den nächsten Moment.

Wenn wir den Sprung aus dem Geist vornehmen, wundern wir uns vielleicht, daß eine einfache, liebevolle Wahrnehmung der Gegenwart eine so große Wirkung haben kann. Bei diesem philosophischen »Warum« spielt der Verstand die Rolle des klugen Gelehrten – er sucht nach Antworten, um seine Hingabe ans Herz hinauszuschieben, so wie ein Kind gerade dann mit der Mutter oder dem Vater über ein Problem spricht, das es in der Schule hatte, wenn es einschlafen soll. Ich weiß ebensowenig, warum eine ungetrübte Wahrnehmung in der Gegenwart uns stärker heilt, wie ich weiß, daß der Baum, der im Wald umfällt, einen Laut erzeugt. Es geschieht einfach nur. Die Buddhisten bringen diese grundlegende Tatsache des Seins in seiner Dauer mit dem Läuten einer Glocke in Verbindung, mit Einfachheit, Klarheit, Ganzheit. Ein offenes Bewußtsein für die gelebte Gegenwart *ist* wandelnd, befreiend, freudig, grundlos. Schon einige Augenblicke im Zustand dieses Erlebens können den jahrzehntealten Panzer sanft durchdringen, den wir um unser Herz gelegt haben. Robert Bly, der die Verse des mystischen Poeten Kabir übersetzte, schrieb einmal: »Wen lieben wir eigentlich unser Leben lang?« Letztlich ist es das Herz selbst, nach dem wir uns sehnen – ein Selbst, das klarer, bewußter und lebendiger ist, als dasjenige, das wir aus Angst für unser Ich gehalten haben. Vielleicht ist dieses der wahrhaft Geliebte, der Geist des Lebens in uns, den unsere tiefsten Verletzungen uns zu vergessen oder zu verleugnen verleiten. Irgendwann im Leben haben wir die Solidarität mit dem Selbst verloren; wir fingen an, in der Welt nach Zeichen unseres Wertes Ausschau zu halten, aber deren Ungültigkeit hat uns nur noch süchtiger nach dem Blick nach außen werden lassen. Wir haben aufgehört, auf unser Herz zu lauschen, es aufgegeben. Wir sind aus der Gegenwart geflohen in sinnlose Phantasien der Getrenntheit, des Widerstandes, des Konflikt – und haben das Eden der wahren Selbstheit, unser einziges echtes Zuhause, verlassen.

Nach einem von diesem Heimweh erfüllten Leben läßt sich die sanfte Stimme des Herzens eine Weile übertönen. Wenn Sie einen explosionsartigen Schmerz spüren, erkennen Sie vielleicht, daß es in Ihnen keinerlei Weisheit, Leitung oder Frieden mehr gibt. Es gibt diese Gefühle aber. Um sie aufzudecken, müssen Sie still dasitzen; langsam ihre Atmung beruhigen; die stillen Orte in

Ihrem Geist ins Bewußtsein schlüpfen und aus den endlosen Bildern, Gedanken, Gefühlen und dem Geplapper
hervorkommen lassen; von diesem stillen Ort aus schenken Sie Ihrem Leiden dann liebevolle Aufmerksamkeit.
Statt davonzulaufen oder zu versuchen, es besser zu
machen, statt vor dem Schmerz zu fliehen, steuern Sie
darauf zu, mit dem Herz als Führer, und sehen, was geschieht.

Es gibt eine grundlegende Wahl, die voller Paradoxien
steckt. Entweder leben wir in der unsicheren Sicherheit
unserer Täuschungen oder wir treten die herzzerrei-
ßende Reise zur Ganzheit an. Diese Entscheidung kann
allein das wahre Selbst treffen.

12

Zu den eindrucksvollsten Bildern, die es von einer Wandlung gibt, zählt das der Raupe, die einen Kokon spinnt
und später als Schmetterling daraus hervorgeht. Es ist
ein so ungeheuer komplizierter Vorgang, daß wir uns
über die ruhige Hand wundern, mit der die Natur dieses
winzige Wunder der Reinkarnation vollbringt. Aber die
Raupe hat in dieser Sache nichts zu sagen. Sie kooperiert
vom Anfang bis zum Ende und spielt das genetische Ri-
tual ohne Widerstand mit, erfüllt ihr Schicksal, wie es
scheint, mehr oder weniger mechanisch. Sie spielt mit,
weil es Teil ihrer Natur ist; sie kann nichts anders. Uns
Menschen fällt es dagegen schwer, uns zu wandeln. Oft
sind wir ungeduldig, so daß es uns widerstrebt, dem zu
vertrauen, was wir nicht mit den Augen sehen oder in
den Terminkalender eintragen können. Dieser Widerstand, geboren aus der Identifikation mit dem Verstand,
entfernt uns von der größeren Ganzheit, an der wir, als

Herz-Selbst, teilnehmen können. Solange wir in diesem Widerstand, im Leiden, gefangen sind, können wir nicht mit den natürlichen Kräften des Übergangs zusammenarbeiten. Entweder wir leugnen den Wandel, widersetzen uns ihm oder versuchen ihn zu erzwingen, was so ist, als wollte man einen Schmetterling bekommen, indem man den Kokon aufreißt, oder eine Rosenblüte aufbrechen, um zur Blüte zu gelangen. Wir vergessen, daß der zeitliche Ablauf der Geschehnisse von den Dingen selbst untrennbar ist. Dabei werden wir angetrieben von der Ungeduld und der Absicht auf die Befriedigungen der Wünsche des Verstandes. Fälschlicherweise glauben wir, sie würden uns erfüllt, und so fallen wir über die Welt und einander rücksichtslos her, blind für die Gegenwart, schlafend gegenüber der Realität, die schweigend in uns ruht, zusieht und auf ihre Stunde wartet.

Jedes Leben ist eine Geschichte mit feststehenden Kapiteln des Übergangs, und wir verletzen uns, wenn wir uns diesen Zeiten widersetzen und vorzeitig in dem Kokon des Wandels kämpfen. Diese Frage taucht auf dem Weg zur Ganzheit immer wieder auf. Alles muß heute geschehen. Es ist nicht in Ordnung, eine Zeitlang verwirrt zu sein. Die Entscheidung kann nicht warten. Der drängende Eigenwille übernimmt die Führung, und ehe wir uns versehen, befinden wir uns im Zustand des dritten oder vierten Schmerzes, und zwar, weil wir nicht wissen, wie man es regnen läßt, wenn es regnet. Vielleicht kämpfen wir gegen das Ende einer Beziehung, an der unser Partner, aus welchen Gründen auch immer, nicht mehr interessiert ist. Oder wir verschließen unsere Seele, um den Kummer auf Distanz zu halten, um zu vermeiden, auf Gefühle und Ängste zu achten, die zeitlebens unserer Aufmerksamkeit bedurft haben. Wenn wir uns ein wenig entspannt haben, stellen wir womöglich fest, daß wir darum ringen, im Herzen zu bleiben, was ungefähr so ist, als versuche man spontan zu sein. Doch während die Verschiebung zur Herzmitte vorangeht, stellen wir fest, daß wir immer müheloser erkennen, wenn die Anstrengungen voreilig, fehlgeleitet oder ohne Aussicht auf Erfolg sind. Wir können erkennen, wann wir uns im Kokon des Übergangs befinden, und eben dieses Bewußtsein gibt uns die Chance, das Loslassen zu üben.

Loslassen bedeutet, sich nicht den Kräften zu widersetzen, die in uns und ringsherum wirken. »Tue nichts, und alles wird getan werden«, sagte Laotse im Tao-te-king. Dieser Gedanke mag bei westlichen Geistern Verwunderung auslösen, die sie als Aufforderung zur Trägheit verstehen. Es gibt aber eine Weisheit im Nichtstun, dann nämlich, wenn das Tun alles noch verschlimmern würde. Der Wandel ist unvermeidlich, fortdauernd. Auch können wir lernen, ihm zu folgen, statt uns die Zunge vor lauter Ungeduld abzubeißen, eine Situation zu ersticken und die natürliche Abfolge der Dinge zu sabotieren. Loslassen heißt nicht, daß wir nicht teilnehmen. Vielmehr nehmen wir durch Achtsamkeit und Zusammenarbeit teil, mit leichter Hand, damit wir uns nicht gleichsam selbst überholen oder eine Situation auf den Kopf stellen, indem wir uns aufdringlich oder ungeschickt anstellen.

Wenn Ihnen die Tage zu leer oder zu voll von Unheilsgedanken erscheinen, dann glauben Sie vielleicht, Sie drehen durch, wenn Sie nicht etwas tun. Das stimmt, denn es ist der mutwillige Verstand und nicht der erlebte Verlust, wie groß er auch immer sein mag, der das Leiden perpetuiert. Vergessen Sie nicht: Meistens kann man nichts tun. Lernen Sie dieses Nichtstun, während Sie Ihr Herz weiter öffnen und einfach üben, bewußt zu sein, im Detail dessen, was vor Ihnen ist. Versuchen Sie nicht, ihre Zeit vorzeitig mit Aktivitäten zu füllen oder sich eine positive Stimmung aufzuerlegen. Sie können auch wählen, den zweiten Schmerz abzulehnen – insbesondere, wenn Sie merken, Sie grollen oder befassen sich ständig mit dem Schmerz. Das Herz zu kitten ist ein Balanceakt zwischen erstem und zweitem Schmerz, zwischen Bewußtsein und den unvermeidlichen Rückfällen, zwischen Geduld und Enttäuschung, zwischen dem Gefühl, man könne nicht mehr, und dem Aufbringen der Kraft, den nächsten Schritt zu tun. Und wenn Ihnen das alles eine Zeitlang wie ein Schauspiel vorkommt, öffnen Sie auch dem Ihr Herz. Erinnern Sie sich daran: Zwar tun Sie nichts, aber der Wandel ist schon auf dem Weg. Heilung ist natürlich. Ihr Körper atmet, ihr Blut kreist, er verwandelt Essen in Zellen und führt jeden Augenblick Tausende lebenswichtiger Funktionen aus – alles ohne Ihr Zutun. Dies bewirkt das Loslassen. Vertrauen Sie also dem Sein: In dieser Stunde des Wandels hat es Sie nicht verlassen.

Wieder zusammen

*Und wenn Sie selbst in einem Gefängnis wären,
dessen Wände keines von den Geräuschen der Welt
zu Ihren Sinnen kommen ließen – hätten Sie dann
nicht immer noch Ihre Kindheit, diesen köstlichen,
königlichen Reichtum, diese Schatzkammer der
Erinnerungen?*

RAINER MARIA RILKE

13

Ein gebrochenes Herz bietet uns ungeahnte Möglichkeiten. Es gibt vielleicht keine bessere Möglichkeit, das Herz für seine eigene Weite zu öffnen, als es brechen zu lassen. Auf die Verzweiflung zu achten, die den Solarplexus umklammert, die schmerzende Leere, die in Brust und Kehle aufsteigt, die schwer lastende Niedergeschlagenheit, die den Kopf nach unten zieht, die Spannung in Armen und Händen, die nirgends entweichen kann, weil sie nichts tun kann, um das zurückzuholen, was wir verloren haben – all dieses Im-Feuer-hocken deutet auf die gleiche Art Rückzug, den Süchtige beschreiten, wenn Sie aufhören, Heroin oder Alkohol zu nehmen. Noch während der hilflose Verstand angesichts des Verlusts entthront wird, löst er seinen Klammergriff, und allmählich erkennen wir, daß unser Leiden eine Aussage trifft, allerdings nicht über unsere Situation, sondern über unsere Beziehung zum Schmerz selbst. Wir haben noch nicht gelernt, wie wir den ersten Schmerz annehmen, ihn ohne Widerstand zugeben und anmutig überwinden können. Wir geraten in Panik, bekämpfen, bewerten und hassen den ersten Schmerz. Aber je heftiger wir gegen ihn ankämpfen, desto enger spinnt er das Netz des zweiten Schmerzes.

Wir können also dort beginnen, wo wir sind (man kann nie irgendwo anders anfangen), und eingestehen, daß wir festsitzen, basta. Festsitzen in einer falschen Identifikation mit dem Denken, dem Tun, dem Widerstand, die Dinge so haben zu wollen, wie wir wollen. Festsitzen in der Sucht nach Schlußfolgerungen, Wissen, Ungeduld und der Beschäftigung mit der Vergangenheit und der Zukunft, die die kostbare Gegenwart verschleudert. Festsitzen in dem Bedürfnis, so vieles in den Griff zu bekommen, das sich unserer Kontrolle entzieht. Festsitzen in den zahllosen Ängsten und dem unterdrückten Kummer über das, was wir verloren haben, und von dem wir wissen, wir werden es verlieren. Festsitzen in dem angesammelten Kummer über die unzähligen Augenblicke, in denen wir nicht ganz gegenwärtig, nicht ganz lebendig waren. Festsitzen in dem Messen unseres Wertes an den Meinungen und Taten anderer, statt direkt, durch eine kultivierte Wahrnehmung unseres wahren Selbst. Festsitzen in dem eingeübten Sträuben, sich der einfachen Freude des gelebten Augenblicks hinzugeben, ohne Bedingungen und Forderungen. Festsitzen in dem Muster der ständigen Herstellung der eigenen Enttäuschungen. Festsitzen in der Gewohnheit, die märchenhaften Einzelheiten des Lebendigseins – etwa das Atmen – als völlig selbstverständlich zu erachten, während wir gleichzeitig die falschen Götter des Geistes anbeten – etwa, recht haben zu wollen.

Was können wir noch tun, wenn wir wenig oder kein Bewußtsein für unsere innere Liebenswürdigkeit und unseren Wert haben, wenn wir in einem Panzer leben, der es uns fast unmöglich macht, daß wir uns lebendig fühlen? Wenn uns das Herz gebrochen ist, ändert sich alles. Die Schmerzexplosion, die unsere Abwehrmauern einreißt, kann uns von den ungeprüften Annahmen fortschleudern. Möglicherweise sind wir dann einer Lösung näher denn je. Vielleicht sehen wir zum erstenmal in den Spiegel und erblicken das Antlitz unserer Einkerkerung. In einem solchen Augenblick kann sich unser Lebenswille von neuem entzünden.

14

Weil Verluste im Verstand wahre Ströme des Widerstands auslösen, und weil der Verstand zur Stärkung des Widerstands durch Schuldzuweisungen und Klagen neigt, möchte ich nun ein wenig über Vergebung sprechen. Aber ich meine dies nicht im üblichen Sinne, wo vergeben bedeutet, jemanden von einer Verfehlung freizusprechen. Ich glaube, daß wahre Vergebung darüber hinausgeht.

Der Sufi Pir Hazrat Inayat Khan sagte: »Du mußt lernen, dein Herz ganz entzweibrechen zu lassen, sonst wird Bitterkeit in dir bleiben.« An einem gewissen Punkt auf dem Weg vom Leiden zur Ganzheit, während wir weiter den Panzer um unser Herz einschmelzen, sind wir bereit, die Möglichkeit der Vergebung zu erkunden. Nun, der eigensinnige Verstand verachtet die Vergebung, weil sie die künstlichen Grenzen und Widerstände auflöst, doch das Herz weiß, daß vieles in uns und den anderen der Verzeihung und Befreiung bedarf. Das eigene echte Leiden enthüllt uns die Realität des Leidens der anderen, eingeschlossen derjenigen, die uns, betäubt durch Jahre der Täuschung, der Schuldgefühle und des Selbsthasses, Schmerz zugefügt haben. Dann beginnen wir die Universalität des Leidens zu erkennen, die Buddha 500 Jahre vor Christus verkündet hat. Es ist ein Schrecken jenseits aller Vorstellung, daß jeden Tag in der Welt so viele Menschen den Hungertod sterben, und wenn wir nicht so sehr von uns selbst abgeschnitten wären, dürften wir dies niemals zulassen. Auf einer niedrigeren Ebene sehnen wir uns alle zutiefst nach einem freundlichen Wort, ein wenig Anerkennung, einem Augenblick, in dem wir uns, wenn auch nur auf unscheinbare Art, ein wenig heldenhaft und wertvoll fühlen können. Wie aber können wir ein freundliches Wort für einander aufbringen, wenn wir keines an uns selbst richten? Kein Wunder, daß die Welt an Hunger leidet. Wenn wir lernten, uns selbst zu nähren, fiele es uns vielleicht leichter, einander zu päppeln. Wenn wir unser Herz öffnen, dann stellen wir auf einmal fest, daß wir nicht zu anderen grausam sein oder ihnen Schmerzen zufügen wollen, sondern nur, daß wir in einer verwirrenden Zeit leben und uns verirrt haben. Wir geben unser Bestes, und oft ist es nicht sehr gut. Platon sagte, niemand tut wissentlich etwas Falsches, und daß die anderen, wenn sie uns Schmerz zufügen, in dem Augenblick nicht anders können. Manchem mag dieser Satz wie eine allzu gefällige Rechtfertigung verantwortungslosen Verhaltens erscheinen, aber der Satz anerkennt, daß es auch in den furchtbarsten Taten einen vorhergehenden Schrecken gibt, aus dem die Tat entspringt. Wir geben weiter – im Guten wie im Schlechten –, was wir empfangen haben, und der Geist, ein Geschöpf der Wiederholung, folgt diesem Erbe weit treuer, als wir ahnen. Darum ist das Opfer das Opfer eines Opfers. Während sich das Herz-Bewußtsein vertieft, lösen sich die Schwarz-Weiß-Urteile des Geistes in die zahlreichen Grautöne des Mitgefühls auf. Das Herz entschuldigt zwar nicht kränkende, verletzende Handlungen, erkennt und akzeptiert jedoch mit großer Traurigkeit ihren Ursprung in dem unvermeidlichen, alle Generationen überspannenden Feuersturm des menschlichen Leidens – ein Feuersturm, der nur durch die kühlenden Wasser der rückhaltlosen Wahrnehmung gelöscht werden kann. Das Herz ist von natürlicher Großzügigkeit, und deshalb erkennt es intuitiv die Verletzung und die folgende Gefühlslähmung und entscheidet sich, den Balsam der Vergebung zu offerieren, statt weitere Verletzungen durch Schuldzuweisungen und Vergeltung hinzuzufügen, die der Verstand Gerechtigkeit nennt. Schuldig und unschuldig, richtig und falsch – für ihn ist das Problem stets schwarz oder weiß; vielleicht wird Justitia deshalb als Figur dargestellt, die eine Waage hält und der die Augen verbunden sind. Aber Liebe ist weder schwarz noch weiß, noch blind. Sie sieht die Grauzonen, die Menschlichkeit der Menschen, die Rolle der Umstände und gestattet rückwärtsgewandte Bewegungen, Zeiten des Übergangs, sogar schwere Fehleinschätzungen, die durch Unwissenheit oder Zwang verursacht wurden. Sie muß keine Speere der Anschuldigungen und

Schuldzuweisungen jenen entgegenschleudern, die sich weitere Verletzungen nicht leisten können. Wir alle sind bis zu einem gewissen Grade Schlafwandler, wir schlingern und schlagen um uns aufgrund der ungeprüften Annahmen und der angepaßten Autorität, die aufeinanderprallen und uns in manchen Fällen überrollen. Die Grundlage des Leidens im menschlichen Leben ist demnach nicht Grausamkeit, sondern Unbewußtheit, ein Mangel an Herz und Mut. *Und niemand kann das Herz eines anderen öffnen.* Dies ist eine persönliche Sache, die nach ihrer eigenen Geschwindigkeit abläuft. Jeder von uns hat das Recht und die Verantwortung, die Reise zurück zur Ganzheit anzutreten, damit wir das Wunder erkennen, lebendig zu sein, ein Mensch und auf menschliche Weise bewußt zu sein in einer Welt, in der sich die Dinge wandeln und Verluste unvermeidlich sind.

Je stärker sich die Anteilnahme für uns und unsere schwierige Lage vertieft, desto stärker drängt sich die Vergebung ins Bild, nicht als moralische Lizenz, die wir jemandem entgegenbringen, der uns gekränkt hat, sondern als der einzige Kitt, der die Stücke unseres gebrochenen Herzen wieder zusammenfügen kann. Wir erkennen, daß es beim Vergeben darum geht, die zugefügte Kränkung ehrlich anzuerkennen, ohne sich automatisch *das Recht zu nehmen*, die angreifende Seite zu verurteilen. Wer kann schon sagen, unter welchen täuschenden Kräften der andere steht? Wer kann innehalten und die möglichen Seelenqualen in demjenigen erkennen, der den Schmerz verursacht? Es gibt ein bemerkenswertes Sprichwort: »Alles in der Welt ist entweder ein Akt der Liebe oder ein Schrei nach Liebe.« Wenn wir durch die Augen eines anderen sehen könnten, würden wir vielleicht bemerken, daß man niemandem vergeben muß als sich selbst – für die Schnelligkeit, mit der wir blind für das Leiden des anderen, ihn einzig aufgrund der eigenen Urteile verdammt haben. Hahlil Gibran fragt in seinem bedeutenden Werk *Der Prophet*: »Wie soll man jene be-

strafen, deren Reue bereits größer ist als ihre Missetat?«
So erkennen wir, daß wahre Vergebung keine Frage der
moralischen Pflicht ist, die in uns allenfalls ein Gefühl
der Überlegenheit nährt und uns weiter voneinander und
von unserem Herzen trennt. Vergebung ist ein spontanes Überfließen der Liebe, und Liebe vereinigt immer.
Das Selbst, das verzeihen kann, ist eines, das liebevoll
und mitfühlend des eigenen Leidens bewußt ist und so
das Leiden des anderen erkennt und ihm auf natürliche
Weise Mitgefühl entgegenbringt. Was wir uns selbst geben, können wir auch anderen geben. Diese Art Vergebung enthüllt und bestätigt unsere grundsätzliche
Gleichheit. In diesem Licht werden der Täter wie das
Opfer der Kränkung von dem Bewußtsein angenommen,
daß wir viel mehr sind als noch die faszinierendste Rolle,
mit der wir uns identifizieren. Solange wir spüren, wir
können nicht vergeben, oder aber glauben, wir sollten
etwas aus einem Gefühl der moralischen Verpflichtung
heraus vergeben, haben wir zwar vielleicht das Herz am
rechten Fleck. Wir sind jedoch noch nicht in unserem
Herzen angelangt.

Natürliche Vergebung strömt aus der barmherzigen
Wahrnehmung des Schmerzes, den *wir gekannt haben*
und wahrscheinlich wieder kennenlernen werden. Das
ist kein Selbstmitleid, ein Begriff, der Sie inzwischen zu
der Frage veranlassen sollte, welches Selbst da Mitleid
empfindet und welches bemitleidet wird. Aber der Verstand liebt eben das Selbstmitleid, die vielen Dramen,
den großen Widerstand. Vielleicht hat Hermann Hesse
dies gemeint, als er schrieb: »Depression ist Überheb-
lichkeit.«[10] Das Herz dagegen kennt kein Bemitleiden. Es
nimmt alles vorbehaltlos an, wendet sich an sich selbst,
schafft Raum. Seine Berührung erweckt eine natürliche
Geduld, Aufmerksamkeit für die Details, Dankbarkeit,
Humor, Vergebung. Außerdem können wir den Panzer

[10]Hermann Hesse, *Der Steppenwolf.*

erst einschmelzen, der das Herz umgibt und Vergebung erlangen, wenn wir fühlen, daß wir etwas tun *müssen* – das Wort selbst klingt hart, fast scheltend, und zählt zu den Lieblingsausdrücken des Geistes. Indem wir unserer schwierigen Lage, so wie sie ist, barmherzige Aufmerksamkeit schenken, ohne irgend etwas zu ändern, erkennen wir, daß sie sich von allein ändert. Die Schwere des Panzers – Krise, Verrat, Einsamkeit, Kummer, Wut – weicht der Leichtigkeit des Herzens – nicht urteilende Wahrnehmung, Vertrauen, Verbundenheit, Einfühlung, Freude, Verständnis. Wir müssen uns nichts davon ausdenken. Wenn wir also beispielsweise glauben, wir könnten uns nicht versöhnen, müssen wir uns nicht dagegen wehren; wir müssen lediglich mit diesem Gefühl still dasitzen, bis wir uns den Mangel an Versöhnlichkeit verzeihen können. Wir alle sind auch nur Menschen. Wenn sich das Herz öffnet, erlangen wir eine höhere Warte, eine Vision, so als erreichten wir einen Berggipfel. Von dort können wir all jene, die wir geliebt und verloren haben, all jene, die wir verletzt und die uns verletzt haben, all die jüngeren Ichs, die wir in unserem Leben waren, überblicken, Ichs, die einst ihr Bestes gegeben haben. Aus dieser höheren Sichtweise strömt dann das Verzeihen aus uns heraus wie aus einem Springbrunnen – nicht als altruistisches Austeilen, das immer ein wenig nach moralischer Überlegenheit riecht, sondern als echtes Verständnis, als eine Art *Amnestie*, ein Wort, das dieselbe Wurzel hat wie *Amnesie*. Wenn wir auf diese Weise verzeihen, vergessen wir die Kränkung, weil wir die Unschuld hinter der Übertretung sehen, das Nichtwissen, die Selbstisolierung oder die schäumende Wut, die keinen anderen Ausweg fand und so weiter. Wir bemerken, daß jeder leidet, und sich nach der Befreiung von Angst und Schuld sehnt, nach einem Ort, der geräumig genug ist, daß wir dort die Last des Kummers ablegen können, den wir unser Leben lang getragen haben. Und während wir bereit werden, zeigt sich uns allmählich das Gefühl, daß man niemandem verzeihen muß, nicht einmal uns selbst.

Es gibt einige Dinge, die man tun kann, um dieses Bewußtsein zu erlangen. Zum einen können wir *mehr Wert darauf legen, in Frieden zu leben, statt recht zu haben.* In den Zwölf-Stufen-Programmen, die Menschen helfen, sich von suchterzeugenden Gewohnheiten zu befreien, gibt es den Merksatz: »Wie wichtig ist es?« Ungefähr die gleiche Aussage trifft eine Geschichte über einen jungen Soldaten, der Buddha in tiefer Meditation fand. Um sich einen Spaß zu machen, nahm sich der Soldat vor, den Erleuchteten zu verspotten, weil er herausfinden wollte, ob er ihn aus seiner Übung aufschrecken konnte; also begann er ihn zu beschimpfen. Eine Stunde verging, ohne daß Buddha eine Reaktion zeigte. Frustriert begann der Soldat, den Weisen zu schmähen, der weiter friedlich seine Konzentration nach innen richtete. Viele Stunden vergingen; die Sonne ging unter, und immer wieder versuchte der mutwillige Soldat alles Erdenkliche, um Buddha zu drohen, ihm Angst zu machen und ihn zu provozieren. Bis in die Nacht schüttelte er die Fäuste, schrie Verwünschungen, stampfte mit den Füßen und warf sich immer wieder gegen den meditierenden Buddha; vergebens. Als schließlich das erste Sonnenlicht den Horizont erhellte, und der Soldat auf dem Boden lag, erschöpft und geschlagen, öffnete Buddha die Augen: »Es ist unmöglich«, sagte der Soldat, »daß jemand angesichts eines solchen Angriffs so ruhig bleibt.« Buddha betrachtete den Mann freundlich: »Wenn dir jemand ein Geschenk machen will, und du weist es zurück«, sagte er sanft, »wer bleibt dann mit dem Geschenk zurück?« Die Geschichte will sagen, daß wir in einer Situation, in der man uns gekränkt hat, frei sind zu wählen, das Geschenk zurückzuweisen. In diesem Licht betrachtet, kann man eine Kränkung als Gelegenheit betrachten, loszulassen, statt anzugreifen. Zugegeben: dies steht für einen radikalen Wandel der Kampfbereitschaft, die viele von uns anscheinend angenommen haben und die meiste Zeit ihres Lebens praktizieren. In einem solchen Augenblick sollten wir versuchen, wahrzunehmen, sollten wir das Gesicht des Menschen betrachten, der in den Fängen der Bitterkeit gefangen ist, und erkennen, daß die Pfeile der Unversöhnlichkeit und des Zorns dem beabsichtigten Opfer weit weniger Leid zufügen als dem Bogenschützen selbst: Sehen Sie, wie kraus die Stirn ist, die Zähne zusammengebissen, alle Gesichtsmuskeln des Gesichts nach unten gezogen, der ganze Körper starr. Und wozu? Hat man uns beschimpft? Oder die Autorität in Frage gestellt, die wir zu haben glauben? Vielleicht hat uns jemand hastig und aus Gründen, die wir nie in Erfahrung bringen oder würdigen können, auf der Autobahn nach einem riskanten Überholmanöver geschnitten. Oder ein Mitarbeiter war kurz angebunden zu uns, weil ein schwieriger Morgen zu Hause ihn in Rage gebracht hat. Wir können innehalten. Wir können ein paarmal tief Luft holen. »Wie wichtig ist es?« Wir können das Leiden umgehen, indem wir an der Mitte des Selbst festhalten, statt das Selbst für ein Linsengericht zu opfern – beispielsweise recht zu haben oder das letzte Wort zu behalten. Wir können dem Besten in uns folgen, statt dem Schlimmsten in einem anderen.

Wir können noch etwas tun: *Im Umgang mit anderen können Sie so handeln, als wäre heute entweder der letzte Tag Ihres Lebens oder der letzte Tag der anderen.* Diese Sichtweise stellt ein machtvolles Mittel dar. Viele Fragen, die wir mit Macht angehen, würden uns bedeutungslos erscheinen, wenn wir wüßten, dies ist unser letzter Tag auf Erden. Wir würden einfach nur beschließen, ihnen keine Beachtung zu schenken beziehungsweise Bedeutung zu verleihen, weil wir den Wunsch hätten, daß unser letzter Tag mit guten Taten erfüllt wäre – mit Wertschätzung, Liebe, Verständnis; vielleicht würden wir dafür sorgen, etwas zu Ende zu bringen und alte Konflikte zu lösen, nicht neue in Gang zu setzen.

Würden wir denn nicht in unseren letzten, kostbaren Stunden großzügig sein mit unserer Kraft zu verzeihen, unserer Weisheit, unserem Mitgefühl, statt unsere letzten Stunden an Kleinlichkeiten und nutzlosen Streit zu verschwenden? Was würde es denn ausmachen, wenn wir jeden Tag lebten, als wäre er ganz wichtig? Wir erachten soviel als selbstverständlich, und soweit wir wissen, *könnte* heute unser letzter Tag sein. Wenn wir ihn auf diese Weise ehrten, könnten wir nicht umhin, ganz gegenwärtig in ihm zu sein und ihn zu feiern und alles aufzunehmen, was er zu bieten hat. Und wenn sich dann erweist, daß es nicht unser letzter Tag gewesen ist, so werden wir doch durch die Verehrung, die wir ihm entgegengebracht haben, den Reichtum des Seins erkennen, den wir zuvor völlig übersehen haben. Auch so wird das Experiment seinen Sinn erfüllt haben.

15

Ich möchte nun ein wenig über *Geduld* sprechen. Die ursprüngliche Bedeutung des Wortes ist »leiden« beziehungsweise »erdulden«; und daran ist etwas Richtiges. Wenn wir glauben, wir sind geduldig, stellen wir uns normalerweise vor, daß wir aufmerksam, freundlich dasitzen und darauf warten, etwas möge geschehen, während wir uns standhaft weigern, uns aus der Ruhe bringen zu lassen. Solange wir auf etwas warten, ist es jedoch nur eine Frage der Zeit, bis wir leiden, unsere Geduld in Ungeduld, Enttäuschung, Frustration und schließlich Verzweiflung umschlägt. In dieser Art Geduld, wenn wir beispielsweise warten, daß das Telefon läutet oder der Schmerz aufhört, liegt kein Frieden. In Erwartung von etwas zu leben heißt, die gelebte Gegenwart zu verpassen und daher das einzige Leben zu verfehlen, das wir haben. Man hat uns früh beigebracht, daß Geduld eine Tugend ist, doch wie alle Tugenden, die man uns auferlegt hat, trennt sie uns lediglich von uns selbst, verstärkt den Liebeskummer und sorgt dafür, daß wir vieles wieder ungeschehen machen müssen.

Aber es gibt eine andere Art Geduld, die weder etwas mit Leiden noch mit dem Warten auf etwas zu tun hat. Sie gehört zu einer anderen, älteren Bedeutung des Wortes: zu »gestatten«. Diese Geduld steigt natürlich auf, wenn wir erkennen und annehmen, daß sogar besonders tiefreichende Verletzungen, Ängste und Wünsche, wenn man sie sich selbst überläßt, aufsteigen und vergehen; daß das Leben sich ständig wandelt; und daß sich die Auswirkungen zu jedem Zeitpunkt unserer Kontrolle entziehen. Wir gelangen zur natürlichen Geduld, wenn wir dem gegenwärtigen Augenblick, d. h. dem, was immer innerhalb und außerhalb von uns geschieht, gestatten, genau das zu sein, was es ist. Wenn wir unsere Aufmerksamkeit auf den vorliegenden Augenblick richten, befreit uns das von der falschen Geduld, immer im nächsten Moment statt dem vorliegenden zu leben. Wir können dem Topf zusehen, ohne vorwegzunehmen, wann das Wasser kocht. Wenn wir diese natürliche Geduld üben, können wir im Verkehrsstau stehen und unsere Frustration wahrnehmen oder sie verurteilen oder uns mit ihr identifizieren; jemanden gehen lassen, den wir lieben, weil – richtig oder falsch – Loslassen das ist, was das Leben zu dieser Zeit von uns verlangt. Wenn wir die Details der vorhandenen Realität mit der leichten Berührung einer offenen, widerstandslosen Wahrnehmung betrachten, stellen wir fest, daß es möglich ist, ohne Urteile zu leben.

Der Verstand ist ein Workaholic. Endlos vergleicht, kontrolliert und kommt er zu voreiligen Schlußfolgerungen, die er dann mit allen erdenklichen Mitteln verteidigt und durchsetzt. Er anerkennt nicht gern, daß sich das

Leben in seiner riesengroßen, außergewöhnlichen Choreographie von Augenblick zu Augenblick ändert und daß wir alle einer größeren zeitlichen Abfolge der Dinge unterworfen sind, als wir uns auch nur vorstellen können. Indem wir uns gegen das Leben und die zeitliche Abfolge der Dinge stemmen, vertiefen wir dagegen nur das Gefühl der Trennung, des Konflikts und der Hoffnungslosigkeit. Das Beharren des Verstandes auf seinem Wissen blockiert den Strom des Lebens, der um uns und durch uns fließt. Wir gehen der Gegenwart verloren und reagieren enttäuscht, als wären wir abgeschnitten von unserem natürlichen Ort im Hier und Jetzt. Sobald das geschieht, kommen alle möglichen Schäden gegen andere, gegen das Ökosystem der Erde, gegen uns selbst, aus den Kulissen und auf die Bühne der Welt hervorgetaumelt, wie eine Truppe mondsüchtiger Schauspieler, die es darauf abgesehen hat, das Theater niederzureißen. Wenn wir unsere Identität vom Verstand zum Herz verschieben, ist unser Nichtwissen nicht mehr wichtig, weil wir feststellen, wir können gegenwärtig sein für das, was ist, ohne Schlüsse zu ziehen. Und in dieser Fähigkeit, gegenwärtig zu sein, heilen wir uns, überwinden die Getrenntheit und gelangen in die ungebrochene Ganzheit einer liebenden Wahrnehmung und Teilnahme.

Das Leiden, das durch jeden großen Verlust herbeigeführt wird, ist im Grunde dasselbe wie der zweite Schmerz der Trennung, den wir schon immer kannten: der Schmerz der Zeiten, da wir nicht präsent und nicht fähig waren, in unserem Herzen zu sein, als wir jemandem gegenüberstanden, den wir liebten; der Zeiten, da wir nicht fühlen, einander weder verstehen noch anerkennen, noch befreien konnten. So viele verlorene Augenblicke, die nun alle in den wirbelnden Wassern eines weiteren Verlusts auftauchen. Und dann beeilen wir uns, diesen Strudeln zu entkommen, einer weiteren Gegenwart zu entfliehen, irgendwo anders, fort zu sein, sogar jetzt, in dem Augenblick, da wir erkennen, daß so viel von dem Schmerz aus unserem Unwillen herrührt, gegenwärtig zu sein.

Ungeduld liefert uns – mehr als alles andere – der Einkerkerung im Verstand aus. Solange wir glauben, daß das Glück aus irgendeiner anderen Richtung als durch die zunehmende Identifikation mit unserem offenen Herzen kommt, werden wir den Zyklus der Enttäuschung aufs neue durchspielen. Wenn wir die Süße des gegenwärtigen Augenblicks nicht finden können – lassen Sie mich noch einen Schritt weitergehen; wenn wir nicht die Süße im Augenblick des Liebeskummers finden können –, werden wir sie wohl kaum im nächsten Augenblick finden, weil wir von einem Augenblick zum anderen nur den Zustand der Offenheit oder Enge, der Bereitschaft oder des Eigensinns unseres Bewußtseins mitnehmen. Das natürliche Unbehagen des eigensinnigen Verstandes läßt sich auch nicht im nächsten Augenblick befriedigen, nicht um alles in der Welt. Und was viele von uns Glück nennen, ist oft eine Flaute zwischen jenen Krisen, in denen sich die schon lange bestehende Leere in unserem Herz bemerkbar macht. Das ist die Tretmühle, in der wir uns befinden, wenn wir den kolossalen Fehler begehen zu glauben, daß das Leben bald beginnen wird. Das Leben hat immer schon begonnen. Die Frage ist, wo befinden wir uns?

Die natürliche Geduld dämmert herauf mit einem Erwachen in der weiten Gegenwart, in der wir liebevoll Raum schaffen für uns, die wir im Augenblick sind, eingeschlossen unsere Ungeduld, unsere Pläne, Wünsche, Hoffnungen, Ängste – *aber ohne uns mit ihnen zu identifizieren*. Sie sind nicht wir. Wir sind das Bewußtsein, in dem all diese Vögel umherstolzieren, sich niederlassen und gemeinsam im Schwarm am Himmel fliegen. Die natürliche Geduld des Herzens zeigt sich in der Sanftheit des Gestattens, statt darin, etwas zu erzwingen, anzunehmen, statt sich zu verweigern, zu folgen, statt zu diktieren und zu fordern, ohne Schlußfolgerungen zu leben, mit offenen Augen, aufmerksam, liebevoll, hier und jetzt. Indem wir dieses Sich-Öffnen in uns entdecken, gelangen wir zur Annahme dessen, wer wir in diesem Augenblick sind, einschließlich unserer Leiden und unserer Enttäuschungen. Indem wir in unserem Herzen Raum schaffen, um alles anzunehmen, bereiten wir uns darauf vor, jeden Augenblick anzunehmen, zu bekräftigen und zu lieben, während er nahtlos in den gegenwärtigen Moment übergeht. Wenn wir einfach von Herzen in der Gegenwart sind, stellen wir fest, wir sind bereits geduldig. Wir können vertrauen. Können leben. In diesem Augenblick.

Diese natürliche Geduld darf auf keinen Fall mit Passivität verwechselt werden. Im Gegenteil: Passivität birgt den Wunsch zu warten, daß etwas geschieht. Die natürliche Geduld hat aber – wie gesagt – nichts mit Warten zu tun. Wenn wir auf natürliche Weise geduldig sind, sind wir in der Gegenwart zu Hause und rennen nicht in irgendeine imaginäre Wunschzukunft davon. Wir sehen zu, aber wir beobachten nicht nur – wir betrachten die Inhalte unseres Bewußtseins, *um zu sehen, was da ist*; wir hören auf unser Herz, *um zu hören, was da ist*; wir öffnen uns, *um zu empfangen und auf das zu antworten, was da ist*. Dies alles entspringt der Erkenntnis, daß es ungeachtet aller Umstände unser größter Wunsch ist, das Gefühl, ganz und gar und voll Freude lebendig zu sein, wiederzuerlangen, und daß man dies nicht durch einen Willensakt herbeiführen kann; denn voll und ganz, auf freudige Weise lebendig zu sein heißt, eine liebevolle Beziehung zum Leben zu unterhalten, das größer ist als unser Wille. Wir können diese Beziehung zum größeren Leben aber nur eingehen, *indem wir uns ihm zur Verfügung stellen*. Wie sich herausstellt, vollzieht sich dieser Vorgang ganz natürlich, fast wie von selbst, so wie das Atmen – nicht durch Anstrengung, sondern durch Zusammenarbeit, durch die aktive Bereitschaft, uns nicht einzumischen. Wir können diesen Zustand der aktiven Bereitschaft oder aufmerksamen Empfänglich-keit entwickeln, indem wir eine neue Einstellung zu un-serer Erfahrung annehmen – eine Einstellung, die auf zu-mindest experimentellem Vertrauen beruht. Statt stän-dig über spätere Handlungen nachzusinnen, können wir dem Wunder der gelebten Gegenwart Aufmerksamkeit schenken. Wenn es nichts zu tun gibt, können wir untä-tig bleiben und das Vertrauen aufbringen, daß uns – wenn wir aktiv werden müssen – eben diese Acht-samkeit, Bereitschaft und Offenheit gestatten wird zu er-kennen, welches Tun angemessen ist und wann wir etwas tun müssen, wann es geschehen muß. Somit wären wir an einen weiteren Wegweiser auf dem Weg zur Ganzheit angelangt.

Natürliche Geduld, Loslassen, Wahrnehmen und die Befreiung vom Eigenwillen sind nicht passiv. Wenn wir üben, gegenwärtig zu sein, werden wir achtsam, fürsorglich, aktiv und bereit, zu empfangen und zu folgen.

Üben wir diese Achtsamkeit, beginnen wir die natürliche Geduld zu verkörpern; wir leben auf einmal meditativer und weniger planend, obgleich dies nicht heißt, irgendwo mit gekreuzten Beinen in einer Höhle zu sitzen. Das Wort *meditativ* stammt vom griechischen Wort *medes-thai* ab, was bedeutet, »sich sorgen«. Sich um etwas zu sorgen ist beileibe nichts Passives, sondern verweist auf eine liebende Tätigkeit, den natürlichen Ausdruck des Herzens in der Welt. Meditativ zu leben heißt, sich um unser Leben zu sorgen, und dies können wir nur in der Gegenwart tun, da diese die einzige Zeit ist, in der wir je am Leben sind.

Die Kultivierung einer natürlichen Geduld kann be-sonders schwierig für jemanden mit gebrochenem Her-zen sein. Wenn uns der Verlust nämlich überwältigt hat, sind wir plötzlich so zerstreut, daß es uns fast unmöglich scheint, in der Gegenwart zu sein: die Kleidung aus der Sonne von der Leine nehmen, ihre Wärme spüren, ihre Frische riechen, die vertraute Art wahrnehmen, wie wir sie zusammenfalten, das Gewicht unseres Körpers auf dem Rasen, die Arbeit der Muskulatur, einfach den Augenblick, wie er ist, in der einfachen Genauigkeit des wunderbaren Hier und Jetzt. So erkennen wir, daß unsere Versuche, im Augenblick zu verweilen, nur eins sind – Versuche, und daß sie immer wieder scheitern, da unser Verstand immer wieder in Bilder flieht, die die Bedingungen des Verlustes und des Leides immer wieder zum Leben erwecken und verstärken. Wenn dies geschieht – und es wird geschehen –, müssen wir unsere Aufmerksamkeit sanft zum Herzen zurückführen und die ablenkenden Gedanken ohne Widerstand in das geräumige Bewußtsein hineinholen und sie als Teil der gelebten Gegenwart anerkennen. So lenkt uns nichts von der Heilung ab.

Nun wird alles zu einer Möglichkeit, tiefer in die Offenheit des Herzens vorzudringen. Wenn wir einen seelischen Schmerz spüren, ihn einfach wahrnehmen, ohne Schlüsse zu ziehen, weiten wir die Anteilnahme auf uns selbst aus, ohne loszujagen und ihn zu analysieren, zu unterdrücken oder ihm auf andere Weise zu entfliehen. Der Schmerz wird somit zum Hinweis darauf, ins Herz einzutreten und unsere Heilung zu vertiefen. Natürliche Geduld heißt, liebevoll im Hier und Jetzt zu leben und in der Offenheit des Herzen zu verweilen – gleichgültig, was geschieht, so daß wir uns dem anpassen können, was sich uns zeigt. Wahrzunehmen, diesen Augenblick zu betrachten, nicht weiter zu gehen als bis hier, das Jetzt genug sein zu lassen – aber nicht, um herauszufinden, wohin das alles führt oder wann es dort ankommen wird, weil wir wissen, daß es in keine andere Zeit als in das Hier führt. So beginnen wir langsam, die Identifikation mit dem Verstand zur Identifikation mit dem Herzen zu verschieben, und allmählich die tiefgehende, natürliche Geduld der Ganzheit zu verkörpern. Nur wenn wir dieses von Herzen kommende Bewußtsein entwickeln, wird uns eine Situation lange zufriedenstellen. Andernfalls werden wir weiter in der Welt umherlaufen auf der Suche nach Umständen, von denen der Verstand überzeugt ist, daß sie unsere Leere füllen können, die in Wahrheit jedoch die Sehnsucht nach uns selbst sind, nach der Gegenwart, die wir in unserem Streben stets verfehlen. Niemand kann diese Leere fühlen als der, der wir sind.

Der Strom des Lebens fließt ununterbrochen weiter, ungeachtet unserer Meinungen, und was uns heute als Tragödie erscheint, kann sich morgen bereits als Segen herausstellen. Das Leben ändert sich ständig, immer bewegt es sich, revidiert sich, nimmt leise unter dem Lärm unserer Forderungen, Wünsche, Sorgen und Ängste unerforschlich seinen Lauf, von Augenblick zu Augenblick, immer gegeben und sicher in der gelebten Gegenwart. Wenn wir dies erkennen und zu schätzen wissen und beginnen, den klammernden Geist liebevoll zu beobachten, statt sich mit ihm zu identifizieren, geraten wir in den Zustand einer natürlichen Geduld, in dem wir nicht mehr auf irgend etwas Besonderes warten müssen, ehe wir die Güte spüren, am Leben zu sein. Die Güte war nie abwesend. *Wir* waren es.

16

So üben wir weiter, immer wieder ins Herz zurückzukehren, wobei wir mitunter vom Weg abkommen und dem Leiden unterworfen sind. Dann aber erinnern wir uns abermals und verbinden uns mit der riesengroßen Hinlänglichkeit der unverstellten Gegenwart, und allmählich beginnen wir eine durchdringende Dankbarkeit für die einfache Freude zu spüren. Es liegt darin keine Logik, doch eines Tages, während wir in der Stille dasitzen, sanft unsere Identifikation mit den Filmen und Leitartikeln des Geistes aufgeben und behutsam in den stillen Ort in unserer Herzmitte schlüpfen, tritt vielleicht eine neue Art spontanes Lächeln auf unsere Lippen. In der Aufregung eines Verlustes kommt es uns so vor, als wäre jede Dankbarkeit Lichtjahre entfernt, irrelevant, bestensfalls eine abstruse Vorstellung oder ein moralischer Imperativ. Wir können uns kaum vorstellen, dankbar zu sein, wenn die Ereignisse unseren Wünschen so sehr zuwiderlaufen. Und dankbar zu sein kann uns noch fremder erschienen, wenn uns das Herz gebrochen ist und wir es nicht in unseren Trommel-Kopf gehämmert hätten, daß wir wegen diesem oder jenem dankbar sein *müssen*. Tragischerweise sind einige der schönsten menschlichen Gefühle zu moralistischem »Kraftfutter« reduziert worden sind. Diese sogenannte Dankbarkeit leugnet lediglich den Schmerz, was so ist, als verwechselte man die Tatsache, daß man Scheckkarten oder ein Scheckbuch hat, mit dem Geld auf der Bank. Es ist besser, mit einer ehrlichen Anerkenntnis unseres Schmerzes, unserer Bitterkeit und Wut zu beginnen, als die Last derartiger Gefühle im Geheimen zu tragen und uns – zur Krönung des Ganzen – zu beschimpfen, weil wir nicht dankbar sind. In Wahrheit kann ein gebrochenes Herz so wehtun, daß wir nicht wissen, ob wir weiterleben wollen. Warum leben, wenn das Leben kaum mehr ist als Schmerz, Reue, Enttäuschung und Depression? Doch der Wunsch, nicht mehr voller Schmerz zu leben, ist selbst eine Bestätigung des Lebens, die tiefe Anerkennung, daß das Leben mehr als Schmerz ist. Hierin liegt der Same der Dankbarkeit, die nichts mit dem unablässigen Urteilen des Geistes gegen die eigene Person und andere zu tun hat.

Wahre Dankbarkeit steigt im Herzen auf, wenn es erfährt, daß die Heilkraft der Liebe tiefer als der Verlustschmerz ist. Wenn der Liebeskummer am schlimmsten ist, ist eine derartige natürliche überströmende Freude darüber, am Leben zu sein, natürlich vollkommen unvorstellbar. Doch wenn wir weiter ein anteilnehmendes Mitgefühl für alles, was wir fühlen, aufbringen und uns zugleich in die Weite des Herzens begeben, indem wir die Kontrolle aufgeben und die Gegenwart empfangen, wie sie ist, nach ihren eigenen Maßstäben, ohne die Täuschungen, Leugnungen und das eigensinnige, egozentrische Beharren, vollzieht sich eine Verschiebung – der Liebeskummer läßt allmählich nach, und langsam verspüren wir den Glanz einer Dankbarkeit, die keine Dankbarkeit *für* irgend etwas ist, sondern ursprünglich, fast gegenstandslos, durchdringend. Sie zeigt sich im Lächeln, das kommt, wenn wir in der Stille sitzen, einen besonders schönen Sonnenuntergang betrachten oder ein Kind erblicken, daß auf den Zehenspitzen steht, um aus einem Brunnen zu trinken, verblüfft sind von einem Vogel, der plötzlich vorbeiflattert, uns amüsieren über den Ausdruck in den Augen einer gähnenden Katze. Diese Dankbarkeit ist ein einzigartiges Gefühl, vergleichbar dem Gefühl nostalgischer Erinnerung oder dem Erkennen, das die ersten Regenschauer im Herbst oder Schneeflocken im Winter begleitet; der beruhigenden Stimme eines Freundes, von dem wir plötzlich merken, daß wir die Freundschaft selbstverständlich hingenommen haben; dem rollenden Nahen eines Gewitters, das uns mit namenlosen Gefühlen der Größe und Ehrfurcht erfüllt. Eine solche Dankbarkeit ist erhaben; sie trägt uns über uns hinaus – oder das, wofür wir uns gehalten haben – und mitten ins Herz unseres Seins hinein.

Als Kinder wußten wir viel über diese Art des Seins, ohne uns anzustrengen oder uns zu verstellen. Sie können dieses dankbare, engagierte Bewußtsein erwecken, wenn Sie in einem Park oder im Wald, in den Bergen oder am Strand spazieren gehen. Spüren Sie den Frieden, der den Ort umgibt. Erinnern Sie sich beim Gehen an etwas, das Sie zusammengesetzt, hergestellt oder geplant ha-

ben: einen Keramik-Becher, einen Automotor, ein Gemälde, ein Gedicht, ein besonderes Abendessen, eine Ur-
laubsreise. Erinnern Sie sich, was Sie empfanden, als Sie
etwas Wertvolles schufen. Sehen Sie sich nun um und
denken Sie an alles, was Sie nicht getan haben, alles, was
Sie nicht tun mußten. Die Bäume, das Meer, der Himmel, die Erde unter Ihren Füßen, sogar die Vorgänge in
Ihrem Körper – für soviel ist gesorgt. Nehmen Sie nichts
als selbstverständlich hin. Atmen Sie ins Herz, als wäre
der Atemzug ein Geschenk, und geben Sie es mit jedem
Ausatmen zurück. Ringsherum bewegt sich etwas in seinem Lauf. Begreifen Sie, daß Sie ein Teil davon sind, Sie
dazugehören. Letztlich ist es das, was Sie sind.

17

Ironischerweise entwickeln wir ein weites Herz-Bewußtsein, wenn wir den kleinen Dingen, den Einzelheiten ungeteilte, liebevolle Aufmerksamkeit schenken. Der Eigensinn operiert mit Verallgemeinerungen und vorgefaßten Urteilen; er kümmert sich nicht um die Details,
denn diese sind die Währung der Gegenwärtigkeit. Indem er sich ihnen hingibt, gibt er sein Gefühl der Getrenntheit auf, so wie ein spannender Film dafür sorgt,
daß wir gebannt im dunklen Kinosaal sitzen. Öffnet sich
der Verstand dem Wunder des Augenblicks, wird er
wahrscheinlich unruhig, wie jemand, der plötzlich arbeitslos geworden ist. Vielleicht sollten Sie deshalb versuchen, die Aufmerksamkeit auf die Gegenwart zu richten, etwa darauf, wie Sie dieses Buch in Händen halten,
wie sie auf bestimmte Weise mit gekreuzten Beinen auf
dem Stuhl sitzen und so weiter – und der Geist wird sagen: »Ja, aber was ist mit dem Geldverdienen? Was ist

mit dem Schmerz in der Schulter? Handelt es sich um etwas Ernstes? Kann ich es mir eigentlich leisten, immer nur zu lesen?« So geht es immer weiter. Es ist die Berufung des Verstandes. Wie ein Hai lebt er, indem er ständig in Bewegung ist. Er kann die Unmittelbarkeit eines gelebten Augenblicks nicht begreifen, der sich ständig in seiner ganzen einzigartigen, innigen Besonderheit zeigt. Aber während wir den Schwung des reaktiven, mutwilligen Denkens verlangsamen, beginnen wir kleine Dinge wahrzunehmen, die wir zuvor nicht erkannt haben. So kann man die Bewußtheit sanft zu ihrer natürlichen Mitte und Erdung zurückführen, von dem aus selbst das Leiden liebevoll wahrgenommen, ins Herz aufgenommen und umgewandelt werden kann. Dazu müssen wir lediglich von der hastigen Geistesverfassung des Weiter-zur-nächsten-Sache zurücktreten, in der wir einen so großen Teil unseres Lebens verbringen, und anfangen, die unmittelbar gegenwärtigen Details wahrzunehmen. Wenn Ihnen das unsinnig vorkommt, so vielleicht deshalb, weil es dem Verstand unsinnig erscheint, mit dem Sie sich identifiziert haben. Tun Sie es dennoch einmal drei Tage lang. Zunächst wird es unmöglich sein. Doch mit Übung werden in dem steten Strom des geistigen Verkehrs Lücken entstehen. In dieser Zeit beobachten Sie, wie der Geist darauf besteht, Ihre Aufmerksamkeit fort von den vorliegenden Einzelheiten wegzuziehen, hin zu Urteilen, Phantasien, Reaktionen: »Das ist lächerlich. Ich muß verrückt sein. Was hat dieses Beobachten von Details mit irgend etwas zu tun? Das war ein interessantes Detail. Ob das nächste wohl auch so gut ist. Hm – ich soll ja nicht über Details nachdenken, sondern bloß beobachten.« Und so weiter. Dieses Umhergerenne, mal dahin, mal dorthin, ist die Sache des Verstandes, nicht unsere. Daß wir dem Herz-Bewußtsein treu bleiben, nehmen wir wahr, wenn wir in den laufenden Kommentar des Geistes geschlüpft sind, und einfach die Aufmerksamkeit sanft auf das zurücklenken, was immer vor uns liegen mag: die Art, wie die Sonnenstrahlen schräg durch die Jalousien dringen; das Gefühl der Enge in der Brust, wenn wir uns daran erinnern, wie es ist, Angst zu haben oder einen geliebten Menschen zu verlieren; der Geruch und das Tröpfeln frischen Kaffees in der Kaffeemaschine. Indem wir die Aufmerksamkeit den vorliegenden Einzelheiten zuwenden, stärken wir das Gefühl der Verbundenheit mit der gelebten Gegenwart.

Es mag so aussehen, als wären die Details der unmittelbaren Erfahrung weit von unserem Leid entfernt, und vielleicht geraten wir in die Versuchung, die Idee einfach abzutun, daß es überhaupt eine Wirkung habe, wenn man sie wahrnimmt. Die Beziehung zwischen der Aufmerksamkeit für das Detail und der Befreiung vom Leiden wird mit Sicherheit offenbar – zumal, wenn wir überzeugt sind, daß unser Leiden nur enden kann, wenn es uns gelingt, die äußeren Umstände mit dem Willen in Übereinstimmung zu bringen. In Wahrheit liegen die Dinge genau umgekehrt: Das Sich-Verlassen auf äußere Umstände verurteilt uns zu Reaktionen und Leiden, während uns die vorbehaltlose Teilnahme an den Einzelheiten der gegenwärtigen Erfahrung befreien kann.

Nehmen wir einmal an, es gäbe einen Zaubertrank, der jede Krankheit heilen könnte. Stellen Sie sich ein Krankenhaus vor, in dem Ärzte arbeiten, denen dieses Elixier unbekannt ist. Jeden Tag behandeln sie ihre Patienten, und jeden Tag überleben einige Patienten und andere sterben. Wenn Sie den Chefarzt fragen, warum ein bestimmter Patient gestorben ist, wird er Ihnen dessen Krankheit erklären und eine Zusammenfassung der Erkrankung geben, die auf der Sterbeurkunde des Patienten als Todesursache aufgeführt wird. Aber wir könnten mit Recht den Schluß ziehen, daß die Todesursache in jedem Fall das Fehlen des Elixiers war, denn hätte man es verabreicht, wäre der Tod nicht eingetreten. Auf die gleiche Weise nimmt uns das Versagen, das Bewußtsein des Herzens in der gelebten Gegenwart zum Leben zu erwekken, jeden Tag etwas von unserem Leben. Dieses Versagen, und nicht die besondere Erkrankung unseres gebrochenen Herzens, ist letztlich die Ursache unseres Leidens. Wie die Ärzte, die sich um die sterbenden Patienten kümmern, können wir unser Leiden auf vielerlei Ursachen zurückführen. In jedem Fall aber würde uns die einfache Verschiebung der Wahrnehmung weg von dem Wunsch, wie wir den Augenblick wünschen, hin zu dem, wie er *ist*, mit all seinen Einzelheiten, über das Leid hinaustragen – hin zu einem erneuerten Gefühl der Integrität und Ganzheit. Aber wir kennen das Elixier nicht, das heißt, die Heilkraft der Offenheit des Herzens für die gelebte Gegenwart, obwohl wir es bereits besitzen. Wenn wir auch nur kurz daran riechen, entdecken wir zu unserer eigenen Überraschung, daß wir nicht leiden müssen und nicht die Opfer der Umstände sein müssen, wie wir annahmen, sondern wandelnde Wunder der Ganzheit und Kreativität sind. Das Problem ist: Wenn wir großen seelischen Schmerz spüren, ist es schwer, den Einzelheiten ungeteilte, liebevolle Aufmerksamkeit zu schenken. Unsere natürliche Reaktion ist, zu leugnen, zu flüchten, den Schmerz wegzuschieben. Aber die Fähigkeit des Herzens, sich zu öffnen, selbst gegenüber dem Schmerz, in liebevoller Anerkennung der Dinge, wie sie sind, ist ebenfalls eine natürliche Sache. Was der eigensinnige Verstand bitterlich bekämpft, kann das Herz annehmen, womit es uns das Eingeständnis gestattet, unseren Schmerz in die angeborene Weite der liebevollen Bewußtheit aufzunehmen und zu lindern. Dann, noch während wir ins Leiden zurückgleiten, kann es nie mehr dasselbe sein, denn wenn wir uns einmal Mitgefühl angeboten haben, haben wir den Weg zurück zur Ganzheit genommen, und dann wird sogar das Vergessen ein Anlaß zur Erinnerung. Das ist eine wunderbare Art zu leben, und vielleicht auch zu sterben; wenn wir nämlich zeitlebens eine tief empfundene Offenheit für den Augenblick, so wie er ist, üben, wenn wir »unser Herz in der

Hölle offen halten können«, wie Stephen Levine es aus-
drückt, und lernen können, dem Leben gegenwärtig zu
bleiben, trotz allem, was ringsherum vorgeht, dann kann
sogar das Sterben zu einer Gelegenheit werden, alle sich
möglicherweise bietenden Einzelheiten anzunehmen
und mit offenem Herzen dort anzukommen, wo immer
uns der Tod hinführt.

18

Wenn jene, die uns lieben, erkennen, daß wir lange in
Leiden gefangen waren, machen Sie vielleicht den Vorschlag, wir sollten uns in die Arbeit stürzen, uns in etwas
»verlieren« und so weiter. Dieser Vorschlag entstammt
dem Verständnis, daß das Selbst-Bewußtsein schmerzlich ist und eine Ruhepause davon verjüngend sein kann,
vielleicht auch der tiefergehenden Einsicht, daß sich unter dem Leiden ein Trennungsschmerz verbirgt. Doch
wir müssen genau betrachten, welches Selbst die anderen
uns aufzugeben empfehlen. Solange wir leiden, identifizieren wir uns immer noch mit dem eigensinnigen Verstand. *Das* »Selbst« kann man aber nicht verlieren, außer
in dem Finden des Herzens, weil das Vorhaben, den eigensinnigen Verstand loszuwerden, selber ein Produkt
des Eigensinns ist. Wie bei dem naiven Anhänger des
Buddhismus, der die Ausbildung mit dem Wunsch begann, wunschlos zu werden, bricht ein solches Vorhaben
ebenso schnell zusammen, wie es begonnen wurde. Der
Geist möchte deshalb am liebsten sich selber auslöschen,
statt lediglich unseren. Nur zu gern würde der Geist dem
Schmerz entfliehen und sich den Ablenkungen der Welt
hingeben, denn das Leugnen ist der Widerstand, der den
Eigensinn und damit das Leiden am Leben hält. Wir kön-

nen nicht aus dem Leid herausfinden, indem wir das falsche Selbst leugnen, ebensowenig wie wir den Widerstand bezwingen können, indem wir uns ihm widersetzen oder den Haß überwinden, indem wir hassen – dies alles sind Investitionen des zweiten Schmerzes in Vergeblichkeit. Widerstände werden überwunden, wenn wir uns annehmen, wie wir sind, unseren Widerstand eingeschlossen. Erst in dieser tiefreichenden Annahme kommen wir in unserem Herz, unserem Zuhause, an. Dann werden das Leugnen und der Widerstand des Verstandes von Gefühlen der Annahme und Zusammenarbeit entthront. Desgleichen hat die Aufmerksamkeit für die Details des Augenblicks nichts damit zu tun, uns in dem, was ringsherum geschieht, verlieren zu wollen, denn das stellt nur eine weitere Leugnung, eine weitere Form der Flucht aus der Gegenwart dar. Solange wir danach trachten, uns zu verlieren, laufen wir immer noch. Wir wollen allerdings nicht uns, sondern den Schmerz verlieren. Indem wir bereit sind, nicht mehr davonzulaufen, unser Bewußtsein den Einzelheiten dessen zu öffnen, was in diesem Augenblick vor sich geht und den Augenblick genauso zu lassen, wie er ist, finden wir tatsächlich unser wahres Selbst. Diese Umkehr vermittelt uns einen anderen Einblick in den, der wir sind: nicht in die Wünsche, mit denen wir uns identifiziert haben, sondern die grenzenlose Arena des Bewußtseins, in dem diese Wünsche aufsteigen, sich nach Ausdruck sehnen und wieder vergehen. So gibt es keinen Widerspruch, keinen Kampf mehr.

Es könnte hilfreich sein, hier anzumerken, daß der Verstand diese Aufmerksamkeit für die Einzelheiten simulieren kann. Die ganze Unternehmung ist allerdings negativ aufgeladen. Darum habe ich auch gesagt, daß wir ein Bewußtsein im Herzen nur entwickeln können, wenn wir auf die vorliegenden Einzelheiten *liebevoll* achtgeben. Der Verstand sucht sich möglicherweise diese oder jene Einzelheit heraus, um seine Schlußfolgerungen zu rechtfertigen, die stets wertend, trennend, klagend sind: »Sie sieht hübsch aus, aber sie hat keine gute Figur«, oder: »Das war ein toller Film, aber er war etwas zu lang« und so weiter. Oft klammert er sich an die Einzelheiten einer Situation, um seine Klagen zu rechtfertigen, mit seinen Vergleichen und Mangelgefühlen will er unseren Widerstand hervorrufen und sich etwas beweisen. In vielen Fällen taucht hier das Wort *aber* als Dreh- und Angelpunkt der Aussagen auf, die der Geist trifft, um sein unheilvolles Tun zu verlängern. Dabei fühlt man allerdings immer, daß die Absicht dieses Denkens einengend und negativ ist; oft ist sie auch obsessiv. Liebevolle Aufmerksamkeit für die Details hingegen schenkt um ihrer selbst willen – vielleicht sollte man sagen, aus Sorge für den gegenwärtigen Augenblick, aus Achtung für seinen inneren Wert. Der Unterschied gleicht dem zwischen einem Literaturkritiker, der seine Besprechung aus dem Versuch heraus schreibt, sich in die Absicht und die Vision des Autors einzufühlen und einzuschätzen, wie gut der Autor jene Absicht und Vision erfüllt hat, und dem Kritiker, der die Besprechung mit der Vorstellung im Kopf schreibt, das Werk zu zerreißen. Das Herz betrachtet die Einzelheiten der Gegenwart mit einem stillschweigendem Interesse und der Würdigung der Tatsache, daß etwas überhaupt existiert; es sieht das Märchenhafte des Seins im Alltäglichen. Verbunden mit dieser Aufmerksamkeit ist ein Gefühl der Offenheit und des sich erweiternden Bewußtseins, statt eines der Beengung.

Mein Freund und Kollege Charlie Bell ging an philosophische Fragen mit einer wundervollen Mischung aus Ernst und Sinn für Unsinn heran. Charlie war nicht religiös, doch in der Woche vor seinem Tod sagte er, er habe erkannt, daß Gott »in den Einzelheiten« liegt. Nur wundere er sich, daß er nicht ganz begreife, was eine Einzelheit eigentlich ist, denn eigentlich ist alles eine Einzelheit. Sein Herz hatte sich geöffnet, Wochen ehe es während eines Footballmatches physisch platzte – im selben Moment, als sein Sohn David einen großartigen Touchdown vollbrachte. Charlie hatte begonnen, so genau auf das Leben zu achten, das immer in ihm, mit ihm, um ihn herum gewesen war, daß ihm selbst die normalsten Gegenstände bemerkenswert geworden waren. Wird das Bewußtsein durch Liebe inspiriert, ist nichts mehr gewöhnlich. Das größte Selbst, das wir werden können, kann eine ungeheure Liebe für die kleinen Dinge erleben. Es ist diese Geräumigkeit und die Liebe zu den Details, die das Selbst am stärksten kennzeichnet, das nur darauf wartet, uns aus dem Leiden hinauszuführen.

Hier nun eine Übung, die Ihnen helfen wird, sich auf die Einzelheiten der gelebten Gegenwart zu konzentrieren und Ihre Wahrnehmung vom Kopf zum Herz zu verschieben. Holen Sie mehrmals tief Luft. Verlangsamen Sie nun Ihre Atmung, nehmen Sie wahr, wie der Atem ganz natürlich in den Körper hinein- und wieder hinausströmt. Entspannen Sie sich ganz, lassen Sie jede Spannung aus sich herausströmen. Atmen Sie sanft und tief weiter, ohne Anstrengung, langsam, bis Sie sich entspannt fühlen. Öffnen Sie nun die Augen und sehen Sie sich um. Das Zimmer, in dem Sie sich befinden, enthält zahllose Einzelheiten: das Buch dort auf dem Regal, jenes Gemälde, das Spiel von Licht und Schatten, das Gefühl, das vom Sofa oder Stuhl unter Ihnen ausgeht. Atmen Sie langsam und gestatten Sie Ihrem Bewußtsein, bei einer dieser Einzelheiten zu verweilen. Konzentrieren Sie sich schrittweise darauf und atmen Sie langsam weiter. Nehmen Sie die Einzelheiten dieser Details auf, bis Sie ihre Gegenwart ganz fühlen. Würdigen Sie, so gut es geht, ihre Einzigartigkeit, ihre Persönlichkeit, ohne daß Gedanken oder Urteile dazwischenkommen. Erleben Sie die Details, als täten Sie es zum erstenmal, als sei es etwas Besonderes und Neues. Jeder Augenblick *ist* neu. Machen Sie sich keine Gedanken, was diese Aufmerksamkeit bedeutet. Sie bedeutet gar nichts. Sie ist eine Art, das

Bewußtsein für den Augenblick zu schärfen. Wenn Ihr Geist Sie von dem ausgewählten Detail fortzieht, in den Strom der Gedanken, Ablenkungen und Gefühle, anerkennen Sie einfach nur diesen Strom und richten Sie Ihre Aufmerksamkeit sanft wieder auf das Detail. Wenn Sie mit einem Detail zu Ende sind, schließen Sie die Augen und entspannen Sie sich noch mehr, während sie langsam, tief Atem holen. Lassen Sie Ihren Körper schlaff und schwer werden, ohne irgendeinen Widerstand. Öffnen Sie nun die Augen und wählen Sie irgendeine andere Einzelheit und nehmen Sie ruhig ihre Einzigartigkeit in sich auf. Schließen Sie wieder die Augen und atmen Sie noch langsamer. Wiederholen Sie das einige Male. In diesem Augenblick leben wir in dem gelebten Gegenwart. Sie sind lebendig und befinden sich ganz in der Mitte des Jetzt.

19

Jeder, der meinem Großvater die Frage stellte: »Warum?« bekam normalerweise zur Antwort: »Darum.« Ich habe ihn als einfachen, liebevollen Mann in Erinnerung, der gern mit seinen Enkeln spielte und der wußte, wie man gegenwärtig sein kann. Wenn er mich auf den Knien hielt und mir etwas vorsang, oder mir plötzlich einen Rippenstoß gab, spürte ich seine Präsenz. Obwohl seit seinem Tod vierzig Jahre vergangen sind, ist er in meinem Bewußtsein immer noch höchst lebendig.

Das »Darum« meines Großvaters – das war seine Art zu sagen, daß Gründe wenig mit der gelebten Gegenwart zu tun haben, und man ihnen nicht so große Bedeutung einräumen soll. Mir ist aufgefallen, daß diese Ansicht nicht sehr beliebt ist. Wenn mich also beispielsweise jemand bittet, etwas zu tun, und ich ablehne, ohne eine Erklärung zu geben, höre ich meist dieses »Warum?« oder ein »Warum nicht?«. Dies offenbart etwas über den Fragenden, für den die direkte Mitteilung, das »Nein«, nicht ausreicht. Wir sind mit den Mustern der Unsicherheit, der Abwehrhaltung, des Punkts und Kontrapunkts, der dem eigensinnigen Verstand eigen ist, aufgewachsen, und man hat uns beigebracht, daß man die Wahrheit gut genug *machen* und untermauern muß. Manchmal geben wir natürlich Gründe an, als Zeichen der sozialen Rücksichtnahme – um zusätzliche Informationen zu liefern oder unsere Fürsorge für den Fragenden auszudrücken, indem wir zeigen, daß wir nicht abrupt, unsensibel oder ansonsten »unvernünftig« sind. Doch wenn wir, gleichsam als Kurzschlußreaktion, etwas erläutern, und zumal wenn wir Gründe angeben, um unsere Gefühle »gültig« zu machen, sind wir in eine Art Unehrlichkeit gefallen. Diese Erklärung geht nämlich davon aus, daß sie in dem Augenblick, in dem sie sich in uns zeigt, nicht ausreichend ist, sondern gerechtfertigt werden muß, und darin gleichen wir dem Mann, der seine Pfeile wahllos in einen Zaun schießt, hingeht und Zielscheiben darum malt. So viel des sogenannten Denkens wird auf diese Weise, im nachhinein, zusammengebraut. Wenn wir genau darauf achten, wie wir uns meistens fühlen, wenn wir diese »Warum?«-Frage hören – zum Beispiel, nachdem wir eine Einladung abgelehnt haben –, entdecken wir möglicherweise, daß wir in der geistigen Gewohnheit der Selbstverteidigung feststecken, die aus einem Gefühl der Getrenntheit und aus dem Bedürfnis heraus entsteht, zu kontrollieren, sich etwas zu beweisen und den anderen auf unsere Seite zu ziehen. Vielleicht stellen wir fest, daß wir »Ich kann nicht« sagen, wenn die Wahrheit lautet »Ich möchte lieber nicht«; »Ich muß« sagen, wenn »Ich möchte« die ehrliche Antwort wäre. Und wenn wir keinen »akzeptablen« Grund vorweisen können, gehen wir womöglich so weit, »Ja« zu sagen, wenn wir »Nein« meinen.

Dieses »Warum?« erzeugt also ein unbehagliches Gefühl. Wir unterwerfen uns der Frage aber vielleicht deshalb, weil wir immer noch glauben, daß die Wahrheit nicht ausreicht, und wir Gründe dafür nennen müssen, wer wir in diesem Augenblick sind. Dem Philosophen Hegel zufolge wird die Geschichte von den Siegern geschrieben. Auf das gleiche zielt der Satz: »Glaube, was du willst; Gründe finden sich später immer noch.« Letztlich ist die ehrlichste Antwort auf ein »Warum?« wahrscheinlich ein »Darum«, denn alle unsere Gründe verdecken nur eines: wenn es so scheint, als ob wir erklärten, warum etwas an uns ist, so wie es ist, schießen wir im Grunde gleichsam Pfeile in den Zaun. Wir sind, wie auch immer wir sind, und Gründe hecheln hinter der Wahrheit hinterher wie Hunde, die nach den Hacken eines Fremden schnappen.

Es ist wichtig, zwischen dem Bedürfnis nach Gründen als Rechtfertigungen und dem Bedürfnis nach eigenen tiefergehenden Beweggründen zu unterscheiden, da nicht alle »Warum?«-Fragen eine Flucht aus der Gegenwart darstellen. Es gibt drei wesentliche Unterschiede.

1. Rechtfertigungen verfehlen die gelebte Gegenwart, während die Annäherung an eine tiefergehende Selbsterkenntnis ein vielfältiger Ausdruck der gelebten Gegenwart sein kann.

2. Das Bedürfnis, die Gegenwart zu erklären, ist eine Einwilligung in die Angst. Die Bereitschaft, die eigenen tieferen Beweggründe zu verstehen, ist ein Akt des Mutes – sie geht über die Angst hinaus.

3. Wenn wir das »Warum?« der Rechtfertigung beantworten, fühlen wir uns hinterher, als hätten wir einen Gegner übertölpelt oder Schuldzuweisungen vermie-

den. Wenn wir das »Warum?« beantworten, das nach Selbstverstehen strebt, fühlen wir uns hinterher befreit, lebendiger und mit dem anderen verbunden.

Dies auseinanderzuhalten kann knifflig sein, weil die Fragen, die wir uns stellen, um ein besseres Verständnis dafür zu verlangen, wer wir sind, oft die Form von »Warum?«-Fragen annehmen, obwohl es sich in Wahrheit um »Was?«-Fragen handelt: So ist »Warum sabotiere ich immer wieder meine Beziehungen?« zum Beispiel in Wirklichkeit die Frage: »Was geht in mir vor, das mich dazu bringt, meine Beziehung zu sabotieren?« Das ist kein Wortspiel. Das »Warum« fordert uns unausgesprochen dazu auf, etwas herauszufinden, während das »Was?« uns auffordert zu erkennen, was da ist. Das »Warum« läßt uns in die Vergangenheit zurücktaumeln, auf der Suche nach zurückliegenden Gründen. Das »Was?« fordert uns auf, ehrlich die Gegenwart zu betrachten. Es dürfte deshalb nicht überraschen, daß sich der Verstand im »Warum?« zu Hause fühlt – in dem Hervorbringen von vertrackten Erklärungen und Theorien, von denen die meisten dazu dienen, uns von der einfachen Wahrheit dessen abzuhalten, was wir in diesem Augenblick vorhaben. Unter der Tarnung der Klugheit und all der Geschichten darüber, warum wir die Dinge tun, die wir tun, finden sich grundlegende, unkomplizierte, oft rührende Beweggründe und Stimmen.

Für die Person mit gebrochenem Herzen kann das »Warum?« besonders vertrackt sein. Es kann passieren, daß wir uns in dieser Frage verheddern, und viel Zeit damit verbringen, über die Vergangenheit nachzugrübeln und die Gegenwart in jedem Augenblick zu verpassen. Da wir in der ständigen Beschäftigung des Geistes mit Gründen, mit dem Warum und dem Wozu seines Eigensinns verstrickt sind, sind wir weit entfernt davon, uns in der einfachen Gegebenheit der Dinge einzurichten – im Bewußtsein, das voll Mitgefühl unsere Freuden und Probleme sehen kann, während sie entstehen, sich zeigen und vergehen. In diesem Bewußtsein spielen Gründe keine Rolle und haben keine Autorität, weil das Wunder des Augenblicks ausreicht. Deshalb auch beginnt die Suche nach Erklärungen, von Rechtfertigungen nicht zu reden, gar nicht erst. Gründe sind nie mehr als der endlose Papierkram des Verstandes, der ewig nach Indizien sucht, damit er Fälle konstruieren kann. Wie das Rechtssystem, das so extrem verstandesorientiert ist, kann der Verstand uns jahrelang beschützen. Und Anfang und Ende all dieser Anstrengungen ist Widerstand, Entfernung von der geräumigen Gegenwart und Leiden. Tatsächlich zählt dies zu den Verletzungen, die viele von uns in sich tragen: die vielen Male, als wir uns nicht genug fühlten, als wir waren, wie wir waren, und deshalb glaubten, wir müßten Gründe anführen. Doch all diese Rechtfertigungen sind im Grunde eine herzlose Sache, und ganz gleich, welche Gründe wir anführen, der Verstand ist schnell wieder enteilt, um neues Beweismaterial zu sammeln, neue Zweifel und neue Deutungen, neue Strategien, und eifrig erzeugt er weitere Widerstände, mehr Angst, mehr Wege, uns vom Herzen fernzuhalten. Aufgrund unseres törichten Vertrauens in Gründe, zerren wir immer wieder die Vergangenheit hervor oder wenigstens das, was wir die Vergangenheit nennen. Trotz dieser Geschäftigkeit kommen wir dem, was wirklich ist, allerdings kein bißchen näher. Gründe befassen sich mit dem, was war, nicht mit dem, was ist. Der gelebte Augenblick kennt keine Gründe, oder wie Pascal sagte: »Das Herz hat seine Gründe, von denen der Verstand nichts weiß.«

Wir haben unseren Glauben an die Wichtigkeit von Gründen aufzugeben, um zum Bewußtsein unseres Herzens zu gelangen.

Das Beharren, man habe gute Gründe, hält uns im Leid gefangen. Wenn wir größere Ganzheit erlangen wollen, müssen wir an irgendeinem Punkt diese Kapitulation vor den Gründen aufgeben und zugeben, daß wir oft einfach nicht wissen, warum wir fühlen, was wir fühlen oder warum etwas so ist. In dieser Ehrlichkeit kehren wir zum Augenblick und zu uns selbst zurück, zum Fokus, *daß* wir uns eben so fühlen, und darin können wir erkennen, daß die Suche nach Gründen oft eine Ablenkung darstellt, da wir mit diesem Gefühl nicht still dasitzen wollen. Wir finden es leichter, loszugehen und nach Gründen Ausschau zu halten, als im Feuer des Kummers zu schmoren und uns davon verzehren zu lassen, bis er vergeht und das Leben uns zurückfordert. Ironischerweise müssen wir den Weg zurück in die Gegenwart *finden* – aber nicht in eine Halb-Gegenwart, mechanisch, sinnlos getrieben von der Identifikation mit unserem Willen, sondern in eine Gegenwart, die wundersam, reich und lohnend ist – einfach durch deren Wahrnehmung, durch eine Gegenwart, in der wir gegenwärtig *sind*.

Das ist eine ganz praktische Sache. Im Buddhismus gibt es die Geschichte von einem Mann, der am Wegesrand im Sterben liegt, ein Pfeil bis zur Hälfte in seine Brust gebohrt. Ein Gelehrter kam des Weges und sah, daß der Mann schwer verletzt war; bald kam noch ein Mann, dann noch einer hinzu. Schließlich standen die drei über dem verletzten Mann und erörterten die Lage. Der erste sagte: »Man sollte den Pfeil nicht herausziehen. Der Mann könnte verbluten.« Der zweite meinte: »Dem Eintrittswinkel nach zu urteilen, wurde der Pfeil aus ziemlich großer Entfernung abgeschossen. Es gibt hier Stämme, die Gift benutzen. Das muß man bei der Behandlung bedenken.« Der dritte kam an die Reihe: »Vielleicht hat der Pfeil kein lebenswichtiges Organ verletzt. Der Mann atmet noch; vielleicht ist genug Zeit, eine Bahre zu bauen und den Mann in die Stadt zu tragen.« Da kam ein Mönch des Weges. Rasch zog er dem Mann den Pfeil aus der Brust und rettete so dessen Leben. Das ist der Unterschied zwischen »Warum?« und

»Was?« – zwischen der fruchtlosen Suche nach Gründen und der Bewältigung der Wirklichkeit.

Zwar kann uns die Ehrlichkeit in der Gegenwart zu größerer Selbst-Erkenntnis führen; doch das Verweilen in der Vergangenheit oder dessen Sezieren, um herauszufinden, warum die Dinge so sind, wie sie sind, ebnet den Weg für weiteres Leiden. Gründe sind außerstande, uns von der Enge der Identifikation mit dem Eigensinn zu befreien. Wir können die allerbesten Gründe haben und werden doch weiter in der Klemme stecken. Indem wir aber das Warum der Dinge suchen, verpassen wir wahrscheinlich das Was, den geheimen Punkt des Geistes, wenn er uns zu Beginn nach dem Warum fragt. Wir weichen der Wahrheit aus unter dem Deckmantel, danach zu suchen. Das ist sehr clever. Im Sinne des Endergebnisses können wir also sehen, daß das Absuchen der Vergangenheit nach Antworten eine subtile Leugnung der Gegenwart darstellt. Aber das Herz läßt sich, obschon geduldig, nicht ewig leugnen. Das wahre Selbst findet alle möglichen kreativen Möglichkeiten, um uns wissen zu lassen, wann die Leugnung zu lange Bestand hatte, etwa durch die Zerstörung der Magenschleimhaut, die Verengung der Herzkranzgefäße oder irgendeine andere Scheußlichkeit. Jetzt also ist eine gute Zeit, daß Sie Ihr Innenleben aus dem Tiefkühlschrank holen.

Gehen wir weiter: Zu den größten Fehlern, die wir begehen können, wenn wir merken, wir haben zu sehr in der Vergangenheit gelebt, zählt, uns zum Innehalten zu zwingen. Diese Taktik bedient sich möglicherweise sogar die Sprache des Herzens – Loslassen, in der Gegenwart leben und so weiter –, doch ihre Kraft stammt aus dem Verstand, der sich aus Widerständen speist. Wieder zeigt das Herz uns den Weg: Indem wir auch uns Mitgefühl und Freundlichkeit schenken, erkennen wir, wie unser Sein in der Vergangenheit feststeckt, mit all den damit einhergehenden Gründen, Erinnerungen und Kümmernissen als den natürlichen Folgen einer tiefen Verletzung. Wenn der eigensinnige Verstand sagt: »Laß los!«, setzt er ein Ausrufezeichen dahinter; es ist ein militärischer Befehl, keine Einladung oder Ermutigung. Und diese psychische Zeichensetzung macht den ganzen Unterschied aus. Denn das Herz spricht keine besondere Sprache; es antwortet nur auf Absichten – nicht auf die Worte, sondern den Geist hinter den Worten, und dies rührt und formt uns. Wenn das Herz also sagt: »Laß los...«, verwendet es eine Ellipse, und die Absicht wird geflüstert, nicht geschrien. Darin erweist sich die Großzügigkeit des Herzens, das mehr als genug Raum für uns hat, genau wie wir sind, unsere Gründe eingeschlossen. Wenn wir die zerbrochenen Teile zurücknehmen, während wir wieder ganz werden, sehen wir, daß ausschließlich der Augenblick der freundlichen Wahrnehmung zählt, in dem alle unsere Gründe, all unser Rechthaben oder Nichtrechthaben, all unsere Gedanken und Schlußfolgerungen schließlich gesegnet und befreit werden können.

20

Es gibt eine großartige Geschichte über einen alten Bauern im alten China, der ein kleines Stück Land mit seinem Sohn bearbeitete. Sie waren arm, auch an bescheidenen Maßstäben gemessen. In jener Zeit galten Pferde als Zeichen seltenen Wohlstands; der reichste Mann in der Provinz besaß nur einige Pferde. Eines Tages kam ein wildes Pferd in die Stadt galoppiert, sprang über den Zaun des Bauernhofes und begann zu grasen. Dem einheimischen Gesetz zufolge bedeutete das, daß das Pferd nun ihm und seiner Familie gehört. Der Junge war außer sich vor Freude, doch der Vater legte ihm die Hand auf die Schulter und sagte: »Wer weiß, was gut oder schlecht ist?« Am nächsten Tag floh das Pferd, nicht überraschend, in die Berge zurück; der Junge war zu Tode betrübt: »Wer weiß, was gut oder schlecht ist?« sagte der Vater abermals, mit demselben Gleichmut, den er am Tage zuvor gezeigt hatte. Am dritten Tag kam das Pferd zurück, hinter sich ein Dutzend Wildpferde. Der Junge konnte sein Glück kaum fassen. »Wir sind reich!« rief er, woraufhin der Vater antwortete: »Wer weiß, was gut oder schlecht ist?« Am vierten Tag kletterte der Junge auf eines der Wildpferde und wurde abgeworfen, wobei er sich das Bein brach. Der Vater lief los und holte den Arzt; schon bald half er dem Arzt bei der Behandlung des Sohnes, der weinte und über sein elendes Schicksal klagte. Der Bauer wischte dem Jungen mit einem feuchten Tuch die Stirn, sah ihm tief in die Augen und sagte unumwunden: »Mein Sohn, wer weiß, was gut oder schlecht ist?« Am fünften Tag kamen Werbeoffiziere in die Stadt und zogen alle jungen Männer ein. Bis auf einen, den nämlich, der sich ein Bein gebrochen hatte.

Wenn wir ehrlich und offen im gelebten Augenblick leben, wird uns der grenzenlose Zauber der sich entfaltenden Dinge bewußt, und wir erkennen, wir haben keine Vorstellung davon, was der nächste Augenblick bringen mag. Das bedeutet, daß jeder zu jedem Zeitpunkt Ganzheit erlangen kann, und selbst das schlimmste Leiden uns zur Heilung bewegen kann. Darin besteht die größte Ermutigung. Ganz gleich, wie lange uns die Verzweiflung gefangenhielt, die Freude darüber, am Leben zu sein, vermag uns jeden Tag überwältigen, schon in der nächsten Stunde, selbst in der nächsten Stunde. Wir können uns plötzlich der Geräumigkeit unseres Herzen öffnen und mit dem nächsten Atemzug loslassen. Der Weg vom Leid zur Ganzheit hat ganz eigene Herausforderungen. Die Rückkehr des Vertrauens in die Fähigkeit des Lebens, uns zu heilen, kann dazugehören. Dieses

Vertrauen kann dem Eigensinn wie ein kleiner Tod vorkommen, denn um Vertrauen zu entwickeln, muß der Geist seine Angst überwinden, übertölpelt zu werden, und sich etwas Größerem öffnen. Doch dafür müssen wir erst die Fäuste öffnen, und während wir dies tun – können wir da nicht einen Augenblick sehen, wie die Hände sich öffnen und schließen, wie die Kapitel unseres Lebens auf- und zugeschlagen werden? In diesem Augenblick, in dem wir staunen, haben wir schon begonnen, etwas zu empfangen.

Heißt das, der Verlust wird dadurch, daß wir loslassen, ungeschehen gemacht? Wir müssen hier vorsichtig sein. Klammern wir uns an diese Hoffnung, hält uns das nur davon ab, uns zu lösen. Das Herz läßt sich aber von einer Geste des Loslassens nicht zum Narren halten, die in Wahrheit eine Strategie darstellt, weiter festzuhalten. Loszulassen heißt, sich vor dem zu verneigen, was wirklich ist, heißt, bereit zu sein, ganz und gar gegenwärtig zu sein, und Liebe auszudrücken, allerdings auf eine neue, vielleicht noch unbekannte Weise. Wenn wir loslassen, schafft unser Wille Raum für eine Bereitschaft zum Sein; dieses Sein wird zum Willen, sowohl zu empfangen als auch zu geben, anzunehmen und zusammenzuarbeiten. Befreit von unseren drängenden Wünschen, Täuschungen und Selbstbewertungen, spüren wir allmählich die größeren Rhythmen der sich ewig wandelnden Wirklichkeit. Wir erleben, daß der Augenblick – gleichgültig, was sich in der Welt der Ereignisse abspielen mag –, uns halten und erfüllen kann. Jetzt kann genug sein. Es ist ein Weg, der direkt vor unseren Füßen beginnt und endet.

Wir haben nun über das Loslassen gesprochen, und dies beinhaltet eine *Wahl* – die der Bauer treffen konnte, und sein Sohn nicht. Wir halten große Stücke auf den sogenannten freien Willen und glauben, daß in der Freiheit die Macht zum Ausdruck kommt, entscheiden zu können, wann und wie wir die eigensinnigen Wünsche befriedigen wollen. Aber da wir uns unseres wahren

Selbst nicht bewußt sind, stellt das, was wir Freiheit nennen, in Wirklichkeit eine Haft dar, und das, was wir angeblich bei der Auswahl aus den Wünschen kontrollieren, beherrscht in Wirklichkeit uns. Wie ein Heimatloser, der die Straßen nach einer Mahlzeit absucht, weil er nicht weiß, daß er zehn Dollar in der Tasche hat, treffen wir unsere sogenannten Wahlen aufgrund der Annahme des Mangels, mit wenig oder keinem Bewußtsein der reichen Gegenwart, die eben dadurch, daß sie offen daliegt, verborgen ist. Es gibt nur eine wahre Wahl, ungeachtet der Umstände, denen wir vielleicht ausgesetzt sind, und diese entsteht von Augenblick zu Augenblick – im Bewußtsein dafür, wer wir sind. Die Wahl besteht darin, offen zu bleiben oder sich zu verschließen, anzunehmen oder zu leugnen, zu gestatten oder sich zu wehren, zu sehen, was vor uns liegt, oder es durch unseren Mutwillen zu filtern. Und die Wahl, sich zu verschließen, sich zu wehren, zu filtern ist die Wahl, am Leiden festzuhalten. Die echte Wahl beginnt mit einem Gespür für die Gegenwart und deren Annahme.

Ehe wir irgend etwas wählen können, müssen wir uns darüber klar werden, daß diese Wahl tatsächlich besteht. Oft gehört dazu, daß wir zu einer neuen Sicht gelangen, durch die wir erkennen können, daß wir unabsichtlich Verhältnisse fortschreiben, von denen wir vielleicht meinen, wir wären ihre Opfer. Achten wir auf die Einzelheiten des Augenblicks, zeigt sich, daß das, was wir Wahl genannt haben, in Wirklichkeit eine mutwillige Lösung widerstreitender Wünsche ist, und daß das Problem nicht kontextueller, sondern struktureller Natur ist: Der Eigensinn ist selbst ein Konflikt. Sobald wir dieses Spiel ohne Sieger durchschaut haben, den der eigensinnige Verstand »Wählen« nennt, und zum Kern der Frage vordringen, haben wir eine echte Wahl – nämlich nicht den Regeln und Annahmen des Geistes zu folgen. Statt dessen können wir anerkennen und unsere Wünsche spüren und wählen, uns nicht mit ihnen zu *identifizieren* oder uns in ihnen zu verlieren; wir können uns nach ihnen richten oder nicht. Wir können sehen, wie sie kommen, können ihnen Raum geben, zusehen, wie sie gehen, und erkennen, daß sie Teil des großen Lebensstromes sind, der sich dem Bewußtsein in jedem Augenblick zeigt. Doch erst, wenn wir wählen können, so auf das Verlangen zu antworten, »schmeißen« die Wünsche »nicht mehr den Laden«, so daß unser freier Wille nichts weiter ist als der Kartentrick eines Zauberkünstlers: Wir dürfen dieses Herz-As nehmen oder jenes.

Der Eigensinn will mal das eine und dann das andere. Das Wünschen nimmt kein Ende. Wenn wir uns mit den Bildern identifizieren, die er uns vorhält, und deren Verwirklichung vorwegnehmen, verspüren wir einen Ansturm der Erregung und Verheißung. Doch oft, nachdem wir das Ersehnte bekommen haben, erweist sich der Preis nicht als das, was wir *wirklich* wollten, sondern als etwas, von dem wir *glaubten*, das wir es wirklich wollten. Der Verstand deutet diese Erfahrung um, ebenso wie er selektiv Gründe findet, wenn er seine Schlußfolgerungen rechtfertigen will und den ganzen Vorfall umdeutet, so daß die Fülle des Lebens – wieder einmal – woanders zu sein scheint. »Wenn ich nur die Beförderung bekommen würde, wäre ich glücklich.« »Wenn wir nur auf eine Insel zögen.« »Wenn ich nur einen aufregenderen Job hätte.« »Wenn mich meine Frau doch nur verstehen würde.« »Wenn mein Partner doch nur bereit wäre, es noch einmal zu probieren.« »Wenn ich nur diese Krankheit nicht hätte.« So verlieren wir uns in der verrückten Suche nach einem Glück, von dem wir glauben, es könne durch die Wahl und die Beherrschung der äußeren Bedingungen kommen, graben uns tiefer und tiefer in die Leugnung der Gegenwart und ignorieren das Herz, das uns allein vor diesem Umhergerenne retten kann. Und so begeben wir uns dann auf die nächste Suche – nach dem nächsten Job, dem nächsten Partner, dem nächsten Projekt, der nächsten Stadt, dem nächsten Arzt, nicht ahnend, daß

»das« nie »es« sein wird, solange wir nicht in der natürlichen Freude unserer wahren Identität ruhen.

Ein Ort, an dem sich die wankelmütige Natur des Ver-
stands besonders gut erkennen läßt, ist der Akt des Kaufens. Sie wissen schon: Ich möchte das haben, also kaufe
ich es, und auf einmal denkt man, noch ehe der Nachmittag vorüber ist, man hat das Falsche gekauft. Aber ich
habe ja noch die Quittung; vielleicht kann ich es ja tauschen und so weiter. Diese Kunststücke sind den meisten
professionellen Verkäufern wohlbekannt; sie wissen,
daß kurz nach dem Kaufentschluß vielen Menschen so
viele Bedenken kommen, daß sie wahrscheinlich vom
Kauf zurücktreten möchten. Diese sogenannte »Konsumentenreue« kennzeichnet eine jähe Enttäuschung, die
zum Teil aus dem Verlust der Kaufkraft resultiert, aber
auch aus dem Gefühl, etwas bekommen zu haben, von
den wir meinten, es würde uns erfüllen – nur um dann
festzustellen, daß es von flüchtigem Wert ist. Die Produkte
erfüllen selten die Werbeversprechungen (oder den ima-
ginären emotionalen Gewinn), die die Werbung hoch-
spielt, zumal wenn der Verstand es gar nicht erwarten
kann, zum nächsten Objekt der Begierde weiterzuzie-
hen. Nun sollte es uns nicht wundern, daß der Käufer,
der besonders anfällig für die Konsumentenreue ist, der-
jenige ist, der Dinge als Ausdruck der Beherrschung
kauft, und für den der Kaufakt ein Heilmittel bedeutet,
kein Mittel zum Zweck. Es ist schon erstaunlich, wie
schnell der Verstand in *ex post facto*-Fragen geraten
kann, die die Kaufentscheidung aus dem Hinterhalt
überfallen: »Kann ich mir das wirklich leisten?« und:
»Brauche ich das wirklich jetzt?« und so weiter. Um diese
potentiell schädigenden Bedenken zu zerstreuen, wird
ein guter Verkäufer dem Käufer zu seiner wohlerwoge-
nen Entscheidung gratulieren, die Vorzüge des Produkts
zusammenfassen und immer wieder bestätigen, daß man
einen vernünftigen Kauf getätigt hat.

Einkaufen kann – wie Essen, Rauchen, Sex, Fernsehen,

Geld verdienen und viele andere Tätigkeiten – zur Sucht werden, zu einer Form der Leugnung und Ablenkung, die uns gestattet, die feinen und manchmal gar nicht so feinen psychologischen und emotionalen Realitäten zu übersehen, die unbedingt unserer Aufmerksamkeit bedürfen. Zum suchtmäßigen Einkaufen gehört ein chronisches Verhaltensmuster impulsiven und unbefriedigenden Geldausgebens, bei dem der Geist darum kämpft, sich in einer wiederholenden Aktivität zu bestätigen, wobei er wenig oder gar kein Gespür dafür hat, was sich wirklich abspielt. So kauft der süchtige Konsument ein Fahrrad, mit dem festen Vorsatz, morgens früh aufzustehen, Rad zu fahren und 15 Pfund abzunehmen, doch dann kommen andere, damit unvereinbare Wünsche auf, und er reagiert auf *sie*. Diese neuen Wünsche untergraben schon bald seine sogenannte Wahl, und schließlich steht das Fahrrad im Keller, bis die Reifen platt sind, während sich der Konsument nur auf eine Art Bewegung verschafft: indem er sich wieder auf einen weiteren, genauso unproduktiven Einkaufsbummel begibt. Möglicherweise hat er das Gefühl, er wähle es, einkaufen zu gehen, wähle, dieses oder jenes einzukaufen und so weiter, doch in Wirklichkeit kann er gar nichts anderes tun, denn ihm ist nicht klar, was ihn zu seinem Verhalten treibt. Diese Art des Einkaufens ist, wie jeder Verhaltenszwang, chronisch und progressiv. Der zwanghafte Konsument braucht stärkere Heilmittel, um den Verstand zufriedenzustellen und das Herz zu lähmen. Jede Erfüllung, die er bietet, besteht zum Großteil aus der vorübergehenden *Verschnaufpause vom Verlangen* und ist nie verläßlich, weil sie auf Verleugnung, Selbstvermeidung, Illusion, Flucht aus der Gegenwart und fehlgeleiteten Bemühungen beruht. Außerdem verbraucht eine Sucht sehr viel psychische Energie; schon bald ermattet die Sucht das Selbst und führt zu Erschöpfung, die zu unserer Verzweiflung und unserem Leid noch hinzukommen, zumal in jenen einsamen Augenblicken, wenn sich die Ablenkung der sogenannten Wahl abgenutzt hat und die Wirklichkeit mit Macht über uns hereinbricht. Soviel zu dem, was wir normalerweise den »freien Willen« nennen.

Der suchthafte Wille ist zwar nicht frei, doch lassen sich suchterzeugende Gewohnheiten ändern. Es gibt sogar eine dialektische Anmut in dem chronischen, progressiven Wesen der Sucht; wenn sich die Lage nämlich verschlimmert, wird die Wandlung vom Leiden zur Ganzheit wahrscheinlicher. Selbst wenn wir zum angeblichen Heilmittel greifen und das Gefühl haben, wir können nicht anders, weiß ein Teil von uns, was wir tun, und sieht mit sympathisierender Distanz zu. Wir können uns nicht völlig vor uns verstecken; unsere Natur ist, uns selbst bewußt zu sein. An irgendeinem, nicht anerkannten Ort erkennen wir dann die Verleugnung und spüren, daß wir uns an einen aussichtslosen, selbstzerstörerischen Projekt beteiligen, da die Verleugnung in Wahrheit die Sache, die sie eigentlich negieren möchte, verstärkt. Das läßt sich gut bei einem Menschen beobachten, der versucht, mit dem Rauchen aufzuhören, indem er sich immer sagt: »Ich werde nicht rauchen.« Der Verstand hört das »nicht« nicht. Er ist von Natur aus klammernd, und deshalb kann er nur antworten, indem er sich irgendeines Konzeptes oder Bildes, das man ihm entgegenhält, bemächtigt. Also verstärkt »Ich will nicht rauchen« nur die Vorstellung »Rauchen«. Wenn dem angehenden Nichtraucher das Heraufbeschwören der Bilder von Zigaretten und deren Auslöschung leid ist oder es ihn sehr nervös gemacht hat, wird er ebenso leidenschaftlich nach einer Zigarette greifen, wie er sich geschworen hat, nie mehr eine anzurühren. Deshalb auch haben Diäten so selten Erfolg. Das Bewußtsein neigt dazu, das manifest werden zu lassen, worauf es seine Aufmerksamkeit richtet. Wenn Sie abnehmen möchten, ist es besser, sich darauf zu freuen, schlank und in guter Form zu sein, als weiter an die kalorienreichen Speisen zu denken, die sie *nicht* mehr essen dürfen.

Tauschen wir die Fähigkeit, eine echte Wahl zu treffen, gegen angebliche Hilfsmittel ein, dann begehen wir den Kardinalfehler des Verstandes: Wir begnügen uns mit viel zu wenig und verwechseln den Zweck mit dem Ziel. Das ist so, als wenn man um des Kaufens willen kauft oder einen Streit gewinnen will, um recht zu behalten. In der Praxis ist dieses Gewinnen ein Verlieren – es entsteht eine Unterströmung der Unangemessenheit oder des Betrügerischem gegenüber allem, was wir aus dem eigensinnigen Verstand heraus sagen und tun. Wenn wir andererseits klarsichtig sind, unser Leiden wahrgenommen, angenommen und befreit haben und in unserm Herzen heimisch werden, sind unsere Antworten auf den Augenblick auf eine neue Weise angemessen. Wir haben Bodenberührung bekommen. Das Herz flößt uns die natürliche Autorität dessen ein, der wir sind, eine Ehrlichkeit, die uns Präsenz und Glaubwürdigkeit verleiht. Deshalb ist die Grundlage jeder echten Wahl Nichtgetrenntheit. Solange unser Wählen nicht über den Ausdruck unseres Eigensinns hinausgeht, stehen wir immer noch außerhalb des Augenblicks und sind getrennt, die ahnungslosen Opfer der eigenen Bewußtheit und des Kampfes gegen uns selbst. Wenn das Wählen zur Möglichkeit wird, in unserem Herzen zu bleiben, ist es nicht mehr manipulativ, nicht mehr nur eine Reaktion auf das Begehren. Wenn wir aus dem Herzen heraus wählen, mit einer sogenannten Aufmerksamkeit gegenüber dem Gegenwärtigen, ungeachtet dessen, was möglicherweise auf der Filmleinwand des Eigensinns auftaucht oder verschwindet, können wir eine ungeheure Ernsthaftigkeit und einen weitreichenden Einfluß verkörpern, der alle einbezieht, uns selbst eingeschlossen.

Die Integrität der Antworten, die aus dem Herzen kommen, läßt sich an einer wahren Geschichte über Mahatma Gandhi zeigen. Eines Tages kam eine Frau zu

Gandhi mit ihrem kleinen Sohn, der es offenbar nicht lassen konnte, Schokolade zu essen. Die Frau wußte nicht mehr weiter und flehte Gandhi an, er möge ihr einen Rat geben. Gandhi betrachtete den Jungen und sagte: »Madame, bringen Sie ihn in drei Tagen zu mir zurück.« Drei Tage vergingen, dann kam die Frau wieder, den Sohn an ihrer Seite: »Entschuldigen Sie bitte, Sir, Sie erinnern sich sicherlich an mich. Vor drei Tagen brachte ich meinen Sohn zu Ihnen, der ständig Schokolade aß. Sie haben mir gesagt, ich solle nach drei Tagen zurückkommen, was ich hiermit getan habe.« Da hob Gandhi das Kinn des Jungen, sah ihm direkt in die Augen und sagte: »Höre auf, Schokolade zu essen.« Er tätschelte ihm den Kopf und wandte sich zum Gehen. »Sir«, rief die Frau, »das verstehe ich nicht. Wenn das alles ist, was Sie meinem Sohn zu sagen haben, warum haben Sie das denn nicht vor drei Tagen gesagt?« »Madame«, erklärte Gandhi, »vor drei Tagen aß auch *ich* noch Schokolade.«

Eine echte Wahl besteht nicht darin, daß sich der Eigensinn an etwas in unserer Nähe bemächtigt, von dem er glaubt, es würde uns Glück bringen. Eine echte Wahl schließt uns ein; sie ist der Ausdruck unserer tief empfundenen Wahrnehmung des gelebten Augenblicks und unserer Teilnahme daran. Dieses Wählen öffnet den Weg »hinein« und enthüllt spontan, was der Augenblick fordert. Der Eigensinn kann keinen Weg nach innen finden. Er ist von Natur aus Außenseiter; seine Handwerkszeuge sind Getrenntheit und Mangel. Erst wenn wir uns gestatten, in Stille dazusitzen, sanft den Geist, die Gefühle, die Körperempfindungen, wie sie kommen und gehen, zu beobachten, mit Vergebung und Annahme, können wir aus dem Gefängnis der Freiheit, das wir als Wählen bezeichnen, dem ruhelosen Zuschauer des Lebens in uns und ringsherum entkommen.

21

Inmitten eines schweren Verlustes ist es natürlich, sich eine Weile verloren zu fühlen. Dieses Gefühl, unseren Platz in der Welt verloren zu haben, ist ein furchterregendes Kennzeichen der modernen Welt. Vielleicht liegt es teilweise an den Transport- und Kommunikationstechnologien, die uns so mobil und so abgehärtet gemacht haben und uns in die Ferne schicken, indem sie uns elektronische Ersatzstoffe für Nähe gegeben haben. »Streck die Hand aus und berühre jemanden«, mag ein bloßes Schlagwort sein, aber es ist darin auch etwas, das reiner Edgar Allan Poe ist, denn indem wir »Nähe« elektronisch neu definieren, sanktionieren wir unausgesprochen die Distanz und die Zerstreuung von Familien und Gemeinschaften. Jedes Jahr ziehen wir in großer Zahl um, auf der Suche nach neuen Arbeitsmöglichkeiten, um den Städten und Kleinstädten zu entfliehen, denen wir entwachsen sind, oder um etwas Neues zu probieren. Dadurch reißen wir Wurzeln aus, die erst nach langer Zeit wieder anwachsen. Ich sage nicht, daß wir das nicht tun sollten. Ich sage aber, daß wir es uns schulden, es bewußt zu tun, mit einem Bewußtsein für den Preis. Weil wir aber nicht bewußt waren, weil unser Geist durch das Fernsehen und schlimmer – durch die Werbung – geformt wurde, sind wir eine Heimweh-Gesellschaft geworden, abgeschnitten von unserem Herzen und unserer Verbindung mit der Erde und einander. Kurzum: Wir haben unseren Ort verloren.

Dieser Ort hat wenig mit dem Raum zu tun; vielmehr sind es zwei völlig entgegengesetzte Begriffe: »Ort« bezieht sich auf Fülle, auf Dinge, die zueinander gehören, auf Ordnung, auf Harmonie; »Raum« ist Leere, Nichtbeziehung, Chaos, Entropie. Raum ist die bloße Möglichkeit, Ort deren Erfüllung. Wo wir unser Leben aufgeschlagen haben, uns mit den Dingen und Beziehungen umgeben, die ausdrücken, wer wir sind, dort haben wir einen Ort für uns geschaffen.

Hat uns ein Gefühlstrauma tief getroffen, können wir das Gefühl verlieren, zu unserem Leben, unserem grundlegenden Gefühl des psychischen Ortes zu gehören. Es ist nicht ungewöhnlich, daß solche Zeiten eine Zerstörung der Identität auslösen, die sich in den Einzelheiten ringsherum widerspiegeln, die durch den Verlust ihre Rechte verloren haben. Diese Details, ob wir uns ihrer bewußt sind oder nicht, erinnern uns von Augenblick zu Augenblick daran, daß sich die normale, vertraute und größtenteils vorgegebene Ordnung verschoben hat. Mitunter ist diese Verschiebung so tiefreichend und durchdringend, daß wir uns im eigenen Haus oder in der eigenen Wohnung – sogar im eigenen Körper – wie Vertriebene fühlen. Zwar können wir Freunde einladen, damit sie uns Wärme und Kameradschaft mitbringen, doch letztlich können wir das Gefühl des Ortes nur wiederherstellen, indem wir in unserem Herz heimisch werden. Je mehr wir uns in der Wahrnehmung des Herzens üben, desto eher stellen wir fest, daß unser verletztes Gefühl des emotionalen Durcheinanders heilt. Am Ende können wir eine Spur der Heimat sogar in der Entfremdung erkennen, da es nichts gibt, wofür das Herz keinen Platz schaffen kann, und es so menschlich ist, sich verloren zu fühlen, so sehr Teil dessen, der wir sind. Zunächst kann uns dieses verrückte Gefühl, nicht mehr im Leben, in der Welt zu Hause zu sein, Angst machen. Vielleicht ist uns zumute, als würde »alles vorbei« sein; und es ist tatsächlich alles vorbei, wenn wir mit »alles« die Identifikation mit dem eigensinnigen Verstand meinen, der nicht mehr Herr im Hause und nie gern arbeitslos ist. Doch sich sowohl der Freude als auch der Angst vor der eigenen Größe zu stellen, ist der einzige Weg aus der Hölle des Leidens zurück zu dem berechtigten Gefühl, daß wir hier hingehören, zu diesem Augenblick und durch dieses Leben gehen, genauso wie wir sind.

Eine suchtbestimmte Identifikation mit dem Eigensinn läßt uns bezüglich der Selbst-Erfahrung auf der Stelle treten, so als wäre sie die *Folge* äußerer Umstände. In diesem Sinn zeigt das Bewußtsein des Eigensinns eine eindeutige Opferhaltung. Sich davon zu lösen heißt, radikale Verantwortung für alles zu übernehmen, was in unserem Leben geschieht; ich werde darüber noch mehr sagen. An dieser Stelle wollen wir uns auf den Gedanken konzentrieren, daß wir ein Gefühl für den Ort wiedererlangen, indem wir Muster aufgeben, die wir vielfach über Jahrzehnte eingeübt haben und die die einzige uns bekannte Realität darstellen, und daß wir dies erst dann können, wenn wir die Idee und die Wahrnehmung von uns als Opfer aufgeben. Jenseits dieser Muster wartet ein Himmel, der unbeschreiblich klar und wunderbar ist, und zwar kein Himmel im Sinne von Raum, sondern der Himmel als die unerforschliche Offenheit des Bewußtseins selbst, als der grenzenlose Hintergrund, in der unsere Erfahrung aufscheint und uns in jedem Augenblick geschenkt wird.

Hier nun eine Übung, die Ihnen helfen kann, den Unterschied zwischen Raum und Ort spürbar zu erleben. Wissen Sie noch, wie Ihr Haus aussah, ehe Sie einzogen? Es ist ein leerer, nackter Raum, nur die Möglichkeit eines Ortes. Sehen Sie sich einmal um und nehmen Sie wahr, wie Sie ein Gefühl der Ordnung geschaffen haben, in dem Sie leben. Das Schlafzimmer, das Arbeitszimmer, die Anordnung der Gemälde und der anderen Gegenstände – sie alle drücken irgendeinen Aspekt Ihres Gefühls des Ortes und der Zugehörigkeit aus. Wenn Sie wollen, wählen Sie einen Aspekt dieser Ordnung aus und ändern Sie ihn: Reduzieren Sie die gegenwärtige Einrichtung, so daß sie erneut einen nackten Raum vor sich haben. Entfernen Sie beispielsweise alle Gemälde von den Wänden oder räumen Sie den Schreibtisch auf. Können Sie intuitiv spüren, wie es der Raum geradezu verlangt, daß man ihn mit Ort füllt, wie unfertig im Gegensatz dazu der Raum ist? Arrangieren Sie langsam, nachdenklich den Bereich, den Sie ausgewählt haben, so daß er *mehr* Ort enthält als zuvor. Dazu ist vielleicht erforderlich, daß man etwas hinzufügt, etwas wegnimmt, ein einfaches Neuarrangement vornimmt oder alles drei. Wenn Sie fertig sind, treten Sie zurück und betrachten Sie, was Sie getan haben. Gefällt es Ihnen? Stellt es Sie zufrieden? Wenn wir unseren Ort finden, entsteht ein Gefühl der Zufriedenheit. Wenn ein Verlust irgendeinen wichtigen Aspekt unseres Ortes wegnimmt und uns in die Leere des bloßen Raums wirft, müssen wir die Luft anhalten und etwas neu schaffen, indem wir aus dem Herzen heraus arbeiten. Wenn uns jemand fragt, wie oft wir etwas neu schaffen müssen, ist die beste Antwort: »jedesmal«.

22

Es scheint mir wichtig, die Fragen nach Gebeten, Gott und dergleichen zu stellen. Man wird einen Atheisten nicht im Fuchsbau finden, sagt ein Sprichwort aus dem Zweiten Weltkrieg, und auch ich zweifle nicht daran. Zeiten der Krise scheinen stets jene Spiritualität aufflammen zu lassen, die Gott als nützlich, wenn nicht bestechlich und offen für ein gutes Geschäft erachtet. »Gott, bitte gib mir (meinen Partner, Stelle, Gesundheit usw.) wieder, dann verspreche ich, ich werde...« Natürlich rufen wir nach jeder erdenklichen Hilfe, wenn wir das Gefühl haben, wir sind am Tiefpunkt angelangt. Zwar hat dieser Hilferuf einen gewissen therapeutischen Wert, doch scheint er meistens ungehört zu verhallen. Stellen Sie sich die Gebete der Menschen vor, die zur Zeit der Inquisition lebten, während Stalins Säuberungen oder während des Holocausts; Menschen, die bis auf den heutigen Tag sterben und zusehen, wie ihre Kinder sterben. Das verringert nicht unseren Schmerz, aber es bietet uns doch eine andere Sicht. Wenn Gott die Gebete derjenigen, die unaussprechlichen Greueln ausgesetzt sind, er möge dagegen einschreiten, nicht erhört, warum sollten wir damit rechnen, daß er uns erhört? Und wenn Gott das Flehen unseres gebrochenen Herzens beantwortete, stünden wir dann nicht vor der Frage, warum die Gebete so viele anderer in Situationen ungeheurer Bedürftigkeit und immensen Leidens, die weitaus größer sind als unsere, ungehört bleiben? Welchen Sinn ergibt ein solch kapriziöser Gott?

Hier stellt sich die alte theologische Frage: Wie konnte Gott zulassen, daß ich so sehr leide? Wie können Tag für Tag, Woche für Woche, Monat für Monat vergehen, ohne daß ich eine Antwort bekomme auf meine verzweifelten Gebete, vom Schmerz befreit zu werden? Diese Frage taucht in der klassischen Literatur in folgender Gestalt auf: »Wie können wir das Böse in der Welt mit einem Gott versöhnen, der doch wohl all-liebend und allmächtig ist?« Kein Zweifel, es gibt das Böse in der Welt – dann nämlich, wenn man es als offensichtlich unberechtigtes Leiden definiert. Wenn Gott all-liebend ist, dann ist er eben nicht mächtig genug, dem Leiden Einhalt zu gebieten. Ist er andererseits allmächtig, sorgt er sich eben nicht so sehr darum, dem Leiden Einhalt zu gebieten. Diese Frage ist ein gordischer Knoten für jeden Gläubigen, der an die althergebrachte jüdisch-christliche Vorstellung eines anthropomorphen Gott glaubt.

Manche Theologen vertreten die Auffassung, Gottes Macht sei dadurch eingeschränkt, daß er dem Menschen einen freien Willen verliehen habe, etwas, was ihn notwendigerweise begrenze. Da die Menschen frei seien, zwischen Gut und Böse zu wählen, wählten sie manchmal das Böse. Gott kann keinen Einhalt gebieten, ohne daß er die moralische Integrität des Menschen verleugnet. Andere wiederum behaupten, daß es in der Welt kein wahres Böses gebe, nur anscheinend Böses, vielleicht so, wie sich das Ungeheuer, das uns im Traum jagt, sich nur als scheinbares Ungeheuer erweist, wenn wir aufwachen. Der Tod, so endet das Argument, kommt im Grunde dem Erwachen aus dem Traum gleich, in dem das Leiden zwar real erscheint, es letztlich aber nicht ist, und von dieser freieren, höheren Warte aus erkennen wir, daß das Böse zu keinem Zeitpunkt Macht über uns ausgeübt hat. Einer anderen Erklärung zufolge gibt es einen verborgenen Zweck hinter unserem Leiden, ein Ziel, das sich uns später offenbaren wird, in einem Leben nach dem Tod oder am Ende der Zeit.

Das sind interessante Antworten, doch keine stellt eine große Hilfe für jemanden dar, der im Leiden eines gebrochenen Herzens gefangen ist, denn daß es eine letzte Rechtfertigung für unseren Verlust gibt, verringert ja nicht den Verlust. Es ist beinah grausam, von jemanden zu erwarten, daß er einen tragischen Verlust erleidet, und sich von derlei theologischer Akrobatik trösten läßt. Rabbi Harold Kushner beschreibt den Zorn, als er, während er mitansehen mußte, wie sein Sohn am Hutchinson-Gilford-Syndrom starb, »Trost«-Briefe von Leuten erhielt, die nichts Besseres zu bieten hatten als die übliche spirituelle Leier: »Gott sehnt sich nach Ihrem Sohn mehr als Sie.« Oder: »Es ist besser so, Gottes Wege sind unerforschlich«, und so weiter. Solche Vorstellungen schienen stärker an der Verteidigung einer theologischen Position interessiert zu sein als an dem Schmerz, den sie angeblich lindern wollen. Es hat keinen Sinn, die Verletzung durch metaphysische Argumente wegzudiskutieren, indem man sagt, sie sei nur *scheinbar* real, denn er ist es wirklich, und in unserer unmittelbaren Erfahrung ist er außerordentlich wirklich beziehungsweise muß es sein. Daß wir unsere Prüfungen später in einem anderen Licht sehen, kann die im Augenblick erlebte Realität nicht unberücksichtigt lassen. Schließlich liegt nur we-

nig Trost in der Vorstellung, daß sich uns später irgend-
ein verborgener Zweck offenbaren wird, zumal, wenn
wir uns keinen Zweck vorstellen können, der einen
solchen Verlust lindert. Demnach sind diese »Erklärungen«, so gut gemeint sie auch sind, herzlos. Kein
Wunder, daß wir Anstoß an ihnen nehmen.

Nachdem wir diesen Verlust durchlebt, alles in unserer Macht Stehende unternommen haben, um die Lage
zu ändern, und wir immer noch in chronischem, oft
überwältigendem Schmerz feststecken, rufen wir vielleicht Gott, das Universum, die Höhere Macht – irgend
etwas – um Hilfe an. Und wenn sich an der Situation
nichts ändert, wir keine Wunderheilung erleben, kann
das eine tiefreichende Zurückweisung des Kosmos in
Gang setzen, die unser gesamtes Glaubens- und Werte-
system durchdringt und schweren Schaden anrichtet. Es
kann uns so vorkommen, als wäre Gott auf der Seite unseres Verlust, als bejahe er ihn durch sein Schweigen und
seine Untätigkeit. Die erste Person, die einem sagt: »Es
ist eine Prüfung«, bekommt dann wahrscheinlich eine
Ohrfeige von uns.

Selbst wenn unsere Gebete entsprechend unseren
Wünschen oder auf irgendeine überraschend bessere Art
erhört werden, werden die Antworten häufig zu lange
aufgeschoben, als daß wir einen inneren Wandel herbeiführen könnten – Veränderungen, die uns zu neuen
Menschen machen, die um neue Dinge beten. Jedenfalls
wirken komplexe Kräfte in jeder Situation, in der sich ein
tiefgehender Verlust vollzogen hat. Was die Art von Gebeten betrifft, die nichts nutzen, hat wohl keiner eine
knappere, empfindsamere und ehrlichere Rechtferti-
gungsschrift verfaßt als Rabbi Kushner mit seinem Buch
When Bad Things Happen To Good People. Gebete, die die
Komplexität der emotionalen Realität ignorieren, scheinen keinen Erfolg zu haben. Gebete, die Hilfe erbitten,
indem sie uns auffordern, etwas aufzugeben – »Handels-
Gebete« –, scheinen keinen Erfolg zu haben. Selbstsüch-

tige Gebete, die ohne Rücksicht auf die möglichen Auswirkungen auf andere dargebracht werden, scheinen keinen Erfolg zu haben. Demnach sind wir in einem
schrecklichen Verlust gefangen, einem schweigenden
Gott und einer Menge Gebete, die keinen Erfolg haben.

Gibt es Gebete, die Erfolg haben? Wieder ist Rabbi
Kushners Buch erhellend. Man kann erfolgreich dafür
beten, die Kraft zu haben, die Krise durchzustehen. Man
kann erfolgreich dafür beten, Verständnis zu erhalten,
der den Schmerz verringern wird. Man kann erfolgreich
dafür beten, einem anderen zu vergeben, statt ständig an
die geschehenen Verletzungen zu denken, da Vergebung
heilend ist für den, der vergibt, und das Denken an die
Kränkung nur zu weiteren Verletzungen führt. Man
kann erfolgreich dafür beten, Mut, Leitung, Glaube, ein
neues Selbstvertrauen zu entwickeln. Man kann um Unterstützung bitten und die Weisheit, sie zu erkennen und
zu empfangen. Und sicherlich kann man den Antworten
danken, die oft verblüffend schnell auftauchen und eine
ungemein große Bedeutung haben können.

Erhellend hieran ist, daß alle Gebete, die offenbar Erfolg haben, eine Selbstwandlung beinhalten, während
jene, die scheitern, immer auf die Veränderung der Umstände zielen. Hier zeigt sich ein wichtiges Stückchen
Leitung. In spiritueller Hinsicht ist unsere Aufgabe zu-
allererst, den Zustand unseres Herzens zu erkennen.
Wenn wir unsere Aufmerksamkeit dorthin richten, finden wir Hilfe, Leitung, eine Antwort. Die Ergebnisse
können ganz erstaunlich sein. Wenn wir dagegen unsere
Aufmerksamkeit weiter auf die Welt der Ereignisse und
Umstände richten, wir Einwände erheben und protestie-
ren und auf die gewünschte Antwort drängen, bekommen wir oft die gleiche Antwort, die jeder bekäme, wenn
er darauf bestünde, die falschen Fragen zu stellen – so wie
jemand, der sich nur ungern mit hartnäckigen Fragen ab-
gibt. Die höchste und eindrücklichste Form des Gebets
ist, so hat man gesagt: »Dein Wille geschehe«. Das ist

natürlich eine Aussage über die Bereitwilligkeit, zusammenzuarbeiten und zu folgen, keine Bitte oder Forderung. Was der eigensinnige Verstand von Gott zu erzwingen sucht, empfängt das Herz bereits. Die zum Himmel emporgereckte Faust ist nicht frei, irgend etwas zu empfangen.

Von ganzem Herzen leben

All goes onward and outward, nothing collapses,
And to die is different
from what any one supposed, and luckier.

WALT WHITMAN
Song of Myself

On a clear day, rise and look around you,
and you'll see who you are.
On a clear day, how will it astound you,
that the glow of your being outshines every star.

JAY LERNER
On a Clear Day You Can See Forever

23

Ein liebevolles Bewußtsein in der gelebten Gegenwart kommt einem wolkenlosen Himmel gleich, an dem alles seinen Lauf nimmt, uns eingeschlossen. In dieser sich wölbenden Weite besteht zugleich eine wunderbare Erdverbundenheit und ein großes Gleichgewicht: Wenn wir in unserem Herzen sind, haben wir Bodenberührung und sind mit den Einzelheiten der körperlichen Erfahrung, dem körperlichen und emotionalen Auf und Ab verbunden – dieser Schmerz, jene Lust, die Wärme, die Oberfläche, die Berührung, alles zusammen, jeder Augenblick, genau wie er ist. Es liegt eine leise Freude darin, überhaupt am Leben zu sein. Insofern vereinigen sich in uns Himmel und Erde, denn wir werden uns des Körpers bewußt, werden weniger persönlich als zuvor, während eine weitere Wolke durch die ungeheure Weite des Herzens zieht. Von dieser höheren Warte, dieser Offenheit aus betrachtet, erkennen wir, daß wir – selbst wenn wir von Kummer erfüllt sind – die Traurigkeit vermeiden können, so daß sie Raum hat, zu kommen und zu gehen, und unsere Heilung ungehindert weitergehen kann. Dann haben wir uns von dem Beharren des Eigensinns darauf, der Augenblick sei anders, als er ist, befreit.

Von Zeit zu Zeit wird uns der Verstand vom Herzen wegziehen. Zu unseren großen Täuschungen zählt die Vorstellung, daß die tief empfundene Freude der offenen Wahrnehmung etwas ist, an dem man festhalten muß. Dies verwandelt die gelebte Gegenwart natürlich in ein weiteres Ding, das man erwerben und nach der man streben muß, weshalb sie dann fern wirkt und sich wieder einmal vom Selbst abspaltet. So kann der Geist alles auf den Kopf stellen. Doch schon mit ein wenig Übung können wir den Geist bei seinen alten Tricks erwischen und das Verlangen nach der Gegenwart in eben diesem Augenblick des Verlangens annehmen und unsere Bewußt-

heit für uns, genau wie wir sind im gelebten, liebevollen
Augenblick der völligen Annahme, Ehrlichkeit und Vergebung wiedererlangen. Vielleicht erkennen Sie, wie
dieses Lernen uns befähigt, die Fallen des zweiten
Schmerzes zu umgehen. Das Herz akzeptiert uns genau
so, wie wir sind. Es liebt uns, auch wenn wir keine Liebe
zeigen. Es reagiert versöhnlich auf unsere Unversöhnlichkeit. Es schafft Raum für unsere Starrheit. Es ist bereit, zuzulassen, daß wir nicht wollen. Und so weiter.
Auf diese Weise endet die Selbstquälerei.

Als ich an einem College Philosophie unterrichtete,
stieß ich in einer Sammlung von Zitaten und Kommen-
taren auf einen erstaunlichen Vers. Er lieferte eine Definition Begriffs *Vergebung:*

Vergebung:
Der Duft, den das Veilchen
auf dem Hacken hinterläßt, der es zerdrückt.

Ich erinnere mich, nichts gespürt zu haben als ein merkwürdiges Gefühl der Getrenntheit, während ich diese
Zeilen immer wieder las. Etwas daran wollte meine Aufmerksamkeit erlangen. Worum handelte es sich? Ich be-
merkte, daß die Zeilen kunstvoll gearbeitet waren, mehr
nicht – und hatte ein fremdes, unheimliches Gefühl. Als
ich auf die untere Hälfte der Seite blickte, sah ich, daß der
Vers von einem anonymen Insassen einer psychiatri-
schen Klinik verfaßt worden war, und dachte: Da lese ich
Worte wie diese und spüre nichts. Wieviel Reichtum ver-
passe ich jeden Tag, weil ich nicht in meinem Herzen bin
und ihn somit nicht empfangen kann? Ich betrachtete die
Zeilen mehrere Minuten, und plötzlich schien mir, daß
diese Abwesenheit aus dem Herzen, aus uns selbst, auch
eine Art Verrücktheit ist.

Nach und nach war meine Begeisterungsfähigkeit er-
loschen. Die jahrelange Enge des Eigensinns hatte mich
so abgestumpft, daß ich den Mangel an Gefühl nicht ein-

mal mehr spürte. Einige meiner Studenten zeigten die gleiche Stumpfheit gegenüber dem Leben, einen durchdringenden, chronischen Mangel an Leidenschaft beziehungsweise Überschwenglichkeit. Das Gefühl, das sich nach den Gesprächen bei mir einstellte, war, daß sie als Kinder zur Bestrafung auf ihr Zimmer geschickt worden waren und daß ein Teil von ihnen nie wieder herausgekommen war. Das begriff ich, weil ich die gleiche Enge in mir spürte, das Gefühl hatte, als wäre ich eingesperrt, als wäre zuviel in einen kleinen Raum gedrückt worden. Irgendwie hatte man uns die Verbindung mit dem Geist der Erkundung, der Entdeckung und Teilnahme genommen, die bei Kleinkindern so offenkundig besteht. Wir waren eigentlich nicht mehr richtig anwesend, nicht mehr »geerdet«, fühlten uns nicht wohl in unserer Haut. Wie ein Baum, dem man die Wurzeln abgeschnitten hat, waren wir verdorrt und konnten uns nicht strecken und in den klaren Himmel des Selbst wachsen.

Wenn wir weiter in der Enge des Eigensinns leben, werden wir am Ende zum Gefangenen des Panzers, den wir ums Herz tragen. Manchmal können wir diesen Panzer, das Gewicht am Herzen, geradezu körperlich spüren, das uns unten hält und davon abhält, in unserer geräumigen Identität Platz zu nehmen, und verhindert, daß wir bemerken, was wir fühlen. Dies kann uns bewußt werden, wenn ein Verwandter stirbt, und wir erkennen, daß ein Gefühl der Trauer aus uns hervorbricht, als ob bei uns jemand auf einen Knopf gedrückt hätte. Vielleicht haben wir auch keine Freude mehr an unseren Kindern, wenn uns eine lange bestehende Identifikation mit dem trennenden Geist aus dem Herzen vertrieben hat. Möglicherweise betrachten wir sie und wünschten, wir könnten unsere Liebe spüren, doch im Innern sind wir Vertriebene, nicht in unserem Herzen, und somit unfähig, demgegenüber gegenwärtig sein, was da ist. Also können wir nicht die Gefühle empfinden, von denen wir wissen, daß sie, irgendwo in uns sind – aber doch verloren. Viele Jahre später weinen wir möglicherweise um den verstorbenen Verwandten oder spüren eine Woge des Bedauerns wegen der vielen Male, als wir die Schönheit und Unschuld unserer Kinder oder unserer Eltern spüren konnten, und es ihnen nicht sagten und ihnen dankten und sie feierten, oder ihnen vergeben und sie von der Schuld befreien, die ihre Menschlichkeit uns weitergereicht hatte. Etwas in uns weiß aber, es bleibt uns nicht ewig Zeit, uns zu öffnen, den Himmel zu finden und zu leben.

In jedem Augenblick gleitet ein Teil unseres Lebens vorbei. Es ist wichtig zu beginnen. Ohne die Veränderung zu erzwingen, müssen wir an einem Punkt mit dem Umhergerenne aufhören und den Augenblick betreten, uns selbst lieben, ungeachtet dessen, was wir spüren und nicht spüren, den Geist mit barmherziger Distanz betrachten und die Einzelheiten wahrnehmen, ohne daß wir uns mit ihnen identifizieren. So können wir damit anfangen, die Muskulatur des Bewußtseins zu stärken und in der gelebten Gegenwart Wurzeln zu schlagen. Allmählich findet dann eine Heilung statt, die nichts mit den Lebensumständen zu tun hat.

Vergebung:
Der Duft, den das Veilchen
auf dem Hacken hinterläßt, der es zerdrückt.

Wenn ich an die Zeit zurückdenke, als ich im College unterrichtete, bin ich dankbar, daß ich meinem Herzen wenigstens etwas nähergekommen bin. Heute verstehe ich, warum mir der Vers damals so wichtig erschien. Wir alle sind das Veilchen, zerdrückt vom Kummer und der bitteren Enttäuschung, die wir in uns tragen. Eben dies enthüllt aber unsere tief empfundene Bewußtheit, unsere menschliche Essenz, den Duft, der sich ringsum verbreitet, fein und reich, und uns großzügig und natürlich mit seiner Fülle überströmt.

24

Während wir üben, vom Herzen her zuzuschauen, nimmt unsere Freude zu, und dann stellen wir fest, daß der Verstand ins Herz fällt. Dann »denken wir«, wie ein Freund es nannte, »mit dem Herzen«. Auf einmal ist unsere Anteilnahme leichter verfügbar, sie ist keine Eigenschaft mehr, die wir haben *müßten*, sondern das natürliche Kennzeichen der Bewußtheit. Wir empfinden Mitgefühl für uns und andere – es ist alles das gleiche; es gibt keine wesentliche Getrenntheit mehr. Wir sehen, jemand leidet, und wir wenden uns ihm zu, weil wir den Schmerz kennen. Wir haben erlebt, daß er kommt und geht. Wir werden es wieder erleben. Oder wir sehen, wie jemand im Leiden feststeckt, und verstehen, daß er – ganz gleich, was die Einzelheiten des Dramas sein mögen – leidet, weil er nicht in seinem Herzen angekommen ist. Ein sanftes Loslassen würde sein Leiden, wenn nicht gar seinen Schmerz, beenden, doch er kann die Gegenwart nicht finden, weil er nicht erkennt, daß er sie verloren hat. Also gilt ihm unsere Liebe, weil wir in unserem Herzen Raum für uns geschaffen haben, für alles, was uns in uns begegnet ist, für das Häßliche und das Edle, einschließlich die zahllosen Male, als wir mitten im Kampf lagen und vergaßen, im Herzen heimisch zu werden. In der Klarheit dieser Annahme, der Klarheit jeden Augenblicks, an den wir uns erinnern, können wir aber immer wieder heimisch werden.

Das Herz ist ganz anders als der Verstand im Ausdruck des *Willens*, denn während der Verstand *eigensinnig* ist, ist das von Herzen kommende Denken auf andere gerichtet und bereitwillig. Eigensinn sieht die Welt im Sinne von vorhersehbarer Ordnung, von Regeln und Vorschriften, Kontrolle, Aggressivität, Gewinnen um jeden Preis, des Sichtbaren und Wörtlichen, von Kampf, Hartnäckigkeit und Initiative. Bereitwilligkeit dagegen um-

faßt Mitgefühl, Vertrauen, Loslassen, Offenheit, liebevolle Fürsorge, symbolisches Denken und Assoziationen,
das Verborgene, Nachgeben und unsere Emotionen.
Zwar sind diese Begriffe interessanterweise nicht ge-
schlechtsspezifisch, doch sind sie durch die soziale Konditionierung dazu geworden: Frauen hat man beigebracht,
stärker ihre Bereitwilligkeit als ihren Eigensinn auszudrücken; bei Männern gilt das Umgekehrte. Angesichts
der Dominanz der Geist-Identität und der übergroßen
Wertschätzung des Erwerbs in der westlichen Gesellschaft als dem Schlüssel zum persönlichen Glück, besteht
jedoch, besonders seit den sechziger Jahren, eine zunehmende Tendenz bei Männern und Frauen, Eigensinn und
Eigeninteresse zu fördern, und ein bereitwilliges Eingehen auf den anderen zu vernachlässigen.[11]

[11] Leiden entsteht aus einem Mangel an Bereitwilligkeit. In der
Regel konditioniert unsere Gesellschaft die Frauen, das natürliche
Potential ihres Willens, die Männer, das natürliche Vermögen ihrer Bereitwilligkeit zu verleugnen; aber hier ist es besonders wichtig zu bemerken, daß beides *Leugnen beinhaltet*. Folglich stärken
beide Geschlechter den Widerstand und fördern die Dominanz des
Verstandes über das Herz. Sowohl Passivität als auch Aggressivität sind manipulativ und zeugen – so wie ich die Begriffe in diesem
Buch benutzte – von *einem Mangel an Bereitwilligkeit*; insbesondere der fehlenden Bereitschaft, die gelebte Gegenwart ohne Tagesordnung zu betreten; beide Eigenschaften verursachen die Absicht, die grundsätzliche Neuheit und Unbeherrschtheit der Gegenwart zu verleugnen. Jeder Frau, deren Selbstverleugnung sie
davon abhält, ihre Individualität durchzusetzen und dafür einzutreten, was sie empfindet und woran sie glaubt, fehlt eine gesunde
Beherztheit ebenso, wie jedem Mann, der sein Vermögen zur Bereitwilligkeit verleugnet und keine gesunde Beziehung zu seinen
Gefühlen hat. Die ausgeglichene, geerdete Psyche hängt von einer
ehrlichen Anerkennung der Dinge ab, wie sie sind, und somit von
der Abwesenheit der Verleugnung. Sowohl Passivität als auch Aggressivität verleugnen die grundlegende Weite und Ganzheit des
Herz-Bewußtseins. Wenn wir von der Bereitwilligkeit sprechen,
die über das Leiden hinausführt, geht es also nicht um Passivität,

Bereitwilligkeit ist dem Herzen natürlich, und es ist um so schlimmer für uns, daß wir diese Tatsache in dem blinden Streben unserer Täuschungen aus dem Blick verloren haben. Zwar haben wir im allgemeinen die Bedeutung, vielleicht sogar den Vorrang der Bereitwilligkeit erkannt, doch viele von uns sind überwiegend Befürworter des Planens, Überredens, Entwerfens, Tuns, Erfolghabens, Kontrollierens und Nehmens. Darin sehen wir den Weg einer sinnvollen Teilnahme an der Welt. So bleiben wir größtenteils ohne Verbindung mit dem Warten, Zuschauen, Zuhören, Anerkennen, Annehmen, Vertrauen, Loslassen und Empfangen als den wesentlichen Elementen und – was wichtiger ist – Quellen der Erneuerung all unseres Tuns. Nichts verdeutlicht dies drastischer als die Zeit, da sich die Verleugnung – die krönende Manifestation des Eigensinns – allmählich gegen uns wendet, und der Geist anfängt, um sein Leben zu kämpfen. Zeiten des Verlustes können unsere Verleugnung gleichsam in Stücke reißen. Möglicherweise müssen wir uns am Ende eingestehen, daß es uns nicht gelingt, unser Leben so weiterzuführen wie bisher, und wir Hilfe brauchen. Darin, daß wir die Dinge sehen, wie sie sind, liegt aber vielleicht ein Anfang. Das Eingestehen der Machtlosigkeit ist oft das Kennzeichen der Verschiebung vom Eigensinn zur Bereitwilligkeit, vom Kopf zum Herz. Kein Wunder, daß die Zwölf-Stufen-Programme mit dem Eingeständnis der Machtlosigkeit beginnen, zu der die Teilnehmer im Regelfall angekommen sind. Ironischerweise gelangen wir zu der wahren Macht, zu sein, wer wir sind, und mit den Mächten ringsherum expansiv und kooperativ zu leben, wenn wir die Illusion der Kontrolle aufgeben.

Im typischen Fall fällt es uns schwer, den Eigensinn loszulassen, denn dies würde bedeuten, eben die Realität

da diese selbstzerstörerisch und manipulativ ist und im Grunde eine verdeckte Form des Eigensinns darstellt.

anzunehmen, die es uns zu verleugnen drängt. Dies aber geht dem Geist und seinen leidenschaftlichsten Annahmen über seine Autorität gegen den Strich. Wenn wir beispielsweise einen schweren Verlust erleiden, sind wir oft nicht bereit, die Tatsache zu akzeptieren, daß wir im Augenblick nichts tun können, um die Situation zu ändern. Möglicherweise kämpfen wir lange gegen die Tatsache des Verlustes an. Doch in der Praxis ist die Weigerung, die Realität anzunehmen, jenseits der ersten, kurzen Phase der Verleugnung, die naturgemäß mit dem Trauma einhergeht, ein Indiz dafür, daß wir irgendeine Art Investition in den Fortbestand des Schmerzes getätigt haben. Die Beharrlichkeit, mit der wir uns der schmerzlichen Realität widersetzen, zeigt die Beharrlichkeit des Verstandes: Er ist der verlorene Sohn, das eigensinnige Mitglied des inneren Haushalts, der vor der einfachen Wahrheit der Dinge flieht, wie sie sind. Am Ende führt das Leiden den Geist an einen Punkt, an dem er nachgeben kann, ja nachgeben muß, seine Lektion lernt und nach Hause zurückkehrt.

Wenn wir dem, was in uns und um uns herum ist, liebevolle Aufmerksamkeit schenken, geraten wir in einen Zustand der Bereitwilligkeit. Wir können loslassen, dem größeren Lauf der Dinge vertrauen, das Gesetz der Gegensätze ehren, auf die innere Leitung hören, um Weisheit und Stärke beten, sich dem Leben nicht zu widersetzen, Kraft aus dem Augenblick beziehen und so weiter. Wenn wir den Widerstand gegen das Leben aufgeben, stellen wir fest, daß der Widerstand des Lebens gegen uns nachläßt. Dieses Sichöffnen für den gelebten Augenblick, genau wie er ist, erlaubt uns, den Verlustschmerz zu durchleben und Trost aus unserer Ganzheit und aus allem, was nicht verloren ist, zu schöpfen.

Wir haben genug gelitten. Und sosehr sich der Eigensinn auch gegen diesen Gedanken sträubt – mitunter ist es am besten, unsere Pläne, Ideale und Wünsche aufzugeben; manchmal ist das lange überfällig. Wenn wir alles getan haben, was uns einfällt, um etwas zu ändern, zu beeinflussen oder zu vermeiden, und wir sind gescheitert, was ist dann Gutes daran, weiterzumachen? Solange wir vom Eigensinn besessen sind, können wir nicht in die Offenheit des Herzens eintreten und geheilt werden. Selbst das Verlangen, vom Leiden befreit zu werden – dies ist ein weiterer Tagesordnungspunkt des Verstandes –, vergrößert lediglich den Schlamassel. Auch dieses Leiden transzendieren wir, indem wir unser Herz öffnen und das Leiden voll Mitgefühl wahrnehmen, zulassen, betreten und annehmen – und nicht, indem wir dagegen ankämpfen. Unser Schmerz *und* unser Leiden sind Teil der gelebten Gegenwart, die unsere Bereitschaft verlangt, nicht unsere Leugnung oder Verurteilung. Wenn sich unsere Stimmung heben soll, müssen wir uns zunächst etwas leichter machen.

Oft entsteht die Bereitwilligkeit in einem Augenblick der erschöpften Hingabe, als ein ruhiges Loslassen oder einfach ein neues Interesse im Folgen statt im Führen. Wenn wir aufhören, etwas erzwingen zu wollen, und bereit werden, beginnen sich die Dinge zu ändern, manchmal überraschend schnell. Die Sucht öffnet ihre Faust; die Phantome des Geistes, die kein eigenes reales Leben haben und die wir durch unsere Identifikation mit ihnen aufrechterhalten haben, lösen sich in Nichts auf. Gleichzeitig erkennen wir, daß wir nicht soviel wissen, wie wir zu wissen glaubten, und daß man dem Wunder dessen, der wir sind, manchmal lieber vertrauen soll, statt es beherrschen. Eine Weile kann dies die einzige ehrliche Schlußfolgerung sein: Wir wissen es nicht. Zum erstenmal können wir vielleicht akzeptieren, wie wenig wir je gewußt haben. Schon diese Annahme kann eine Menge angesammelten Schmerz befreien, weil wir uns so sehr angestrengt haben, zu wissen, recht zu haben, gut genug zu sein, sicher zu sein, und es fühlt sich großartig an, die Last dieser ständigen Versuche abzulegen. Während wir uns unserer Unschuld, unserem Nicht-Wissen öffnen, lassen wir zu, daß sich unser Glas leert. Wir werden wieder wie Kinder. Wir sind bereit, zu empfangen.

Die Verschiebung zum Herz-Bewußtsein kann uns zu einer höheren Sichtweise emporheben; diese können wir nur schwer erreichen, wenn wir im Schmerz gefangen bleiben. Viktor Frankl, der Begründer der Logotherapie, vermochte einmal einem Patienten nicht zu helfen, einem älteren Arzt, der ihn aufgrund schwerer Depressionen aufgesucht hatte. Nachdem Frankl dem Witwer zugehört hatte, fragte er, wie es wohl für seine Frau gewesen wäre, wenn er als erster gestorben wäre: »Ach, es wäre schrecklich für sie gewesen; sie hätte sehr gelitten!« antwortete der Mann. Woraufhin Frankl sagte: »Sehen Sie, dieses Leid ist ihr erspart geblieben, und *Sie* haben ihr dieses Leid erspart; aber nun haben Sie dafür zu bezahlen, da Sie Ihre Frau überlebt haben und um sie trauern.«[12] Der Mann verließ Frankls Sprechzimmer mit einem Gefühl des inneren Friedens, geheilt durch eine größere Bewußtheit, die aus seinem Schmerz ein Geschenk für die Frau, die er liebte, gemacht hatte. Mit einer grundlegend neuen *Geschichte* über seine schwierige Situation, einem neuen Bedeutungsrahmen, in dem er seine Lage einordnen konnte, hatte Frankl dem Mann geholfen, seinen Willen zu befreien und sich seinem Herzen auf eine Weise zu öffnen, die aus seinem Schmerz einen Ausdruck der Liebe machte, die er verloren hatte.

Hier nun eine Übung, die uns zur Bereitwilligkeit ermuntert: Fertigen Sie eine Liste der Interessen und Fähigkeiten an, die Sie nie entwickelt haben. Schreiben Sie alles auf, was Ihnen einfällt, ganz gleich, wie zufällig oder unwichtig es Ihnen erscheinen mag. Vielleicht fallen Ihnen ein paar Dinge ein, an die Sie noch nie gedacht haben.

Sammeln Sie einige Tage alle Ideen, die Ihnen in den

[12] Viktor Frankl, *Man's Search for Meaning*, New York 1970.

Sinn kommen. Es hat keine Eile. Wenn Sie dann in einer ruhigen aufnahmebereiten Geistesverfassung sind, setzen Sie sich mit der Liste hin und holen ein paarmal tief Luft. Schließen Sie die Augen und treten Sie einige Minuten in die stille Weite Ihres Herzens ein. Öffnen Sie nun die Augen und betrachten Sie die Liste. Die Ideen repräsentieren verborgene Seiten Ihres Wesens, Ihr Potential ebenso wie Ihre Erfolge, Dinge, die Sie vielleicht tun möchten, eher als Dinge, die Sie erzwingen wollten. Jede Idee repräsentiert die Aufforderung, eine unentwickelte Seite Ihres Wesens zu verwirklichen, so wie Sie es früher mit allen Ihren gegenwärtigen Erfolgen getan haben. Lassen Sie die Liste auf Ihr Herz wirken. Ein, zwei Ideen werden Ihnen vermutlich besser als die anderen gefallen. Wenn dies nicht geschieht, vervollständigen Sie die Liste noch ein paar Tage und denken Sie dann nochmals darüber nach. Schließlich wird eine Idee aus den anderen herausragen. Ihre Bereitwilligkeit hat sich Ihnen enthüllt. Vertrauen Sie ihr. In den nächsten Tagen denken Sie daran, wie Sie die Tätigkeit in Ihr Leben holen können. Führen Sie sie aus und sehen Sie, was geschieht.

25

Das Herz trägt keine Uhr. Manche Erfahrungen können jedoch, obwohl sie nur einige Augenblicke dauern, ein ganzes Leben im Bewußtsein haften bleiben. Eines Abends ging ich über einen menschenleeren Universitäts-Campus. Es war schon spät, eine herbstliche Kühle wehte über den Platz. Tagsüber war er noch voller Studenten gewesen, die lasen, schliefen, Frisbeescheiben warfen. Aus irgendeinem Grund fühlte ich mich besonders unbeschwert; es war eine vollkommene Nacht, und ich hatte das Gefühl, ganz und gar darin aufzugehen. Da fiel mir jemand auf, der von rechts auf mich zukam. Diese Person, die in den Lichtkreis der Straßenlampe trat, erwies sich als junger Asiate. »Hallo«, sagte ich freundlich. Er zögerte. »Kenne ich Sie?« fragte er. »Nein«, sagte ich. Da ich die Notwendigkeit verspürte, diesem Fremden meinen Gruß zu erklären, einem Menschen, vor dem unsere Eltern uns immer gewarnt hatten, fügte ich hinzu: »Ich wollte nur höflich sein.«

»Oh«, sagte er und erwiderte mein Lächeln, »dann kenne ich Sie.« Ich habe den Mann nie vergessen.

Auf lange Sicht ist die Fixiertheit des Eigensinns auf das Gefühl des Getrenntseins eine hoffnungslose Sache; das gilt für uns alle. Wir alle sind Teil der großen »Soheit«, von der die Buddhisten sprechen; ein Teil des anderen. Wenn wir schließlich akzeptieren, daß wir das Sein in seiner unerforschlichen Entfaltung nicht beherrschen können, wir weder die Folgen diktieren noch Schmerz oder Verlust meiden können, betrachten wir die Welt nicht mehr als riesiges Restaurant, das auf Erden aufgestellt ist, um unsere Bestellung aufzunehmen, sondern als geheimnisvolle und von Natur aus freudige Gegenwart, die uns jeden Augenblick mit dem Wunder ihrer selbst erfüllt. Ein Wunder, dem wir angehören. In diesem Erwachen des Herzens können wir die Präsenz im Überfluß empfangen, und wir fließen ganz natürlich über, geben uns in Gestalt der Liebe, Annahme, Unterstützung und Anerkennung, von der wir uns so verzweifelt wünschen, das die Welt sie uns schenkt, als wir uns noch mit dem Eigensinn identifizierten und nach seiner Melodie des Mangels, der Angst und der Eroberung tanzten. Am Ende verstehen wir: Solange wir in der Tretmühle des Verstandes treten und im bloß reagierenden Sein eingesperrt bleiben, setzen wir unbewußt eine Reihe von Geschehnissen in Gang, die nur zu Leid führen können. Wenn wir uns jedoch mehr und mehr öffnen, dann lassen wir den Schmerz, den Zorn, den Groll, die

Schuldzuweisungen, das Gefühl der Ungerechtigkeit, der Angst, die Rechtfertigungen, den Widerstand los. Und diese Verschiebung zur Herzmitte erfüllt uns mit einer ursprünglichen, offenen Bewußtheit, die allem, was gegenwärtig ist, Raum läßt, damit es sich zeigen kann. Der Großteil des Elends der Welt läßt sich auf die Unfähigkeit zurückführen, diese Bewußtheit für den Augenblick aufzubringen.

In körperlicher Hinsicht sind wir viele, doch im Herzen gibt es nur das Einssein einer wundersamen, ungeteilten Bewußtheit, die alles einschließt, selbst das, was uns teilt. Nichts kann außerhalb dieses Bewußtseins, außerhalb des Herzens stehen. Das heißt, auf jedem wesentlichen Weg macht uns das Leben aus dem Herzen in jedem Moment die nächstgrößere Identität klar, und überraschenderweise schließt diese Identität den anderen ein. Obschon der Verstand reale Unterschiede wahrnimmt, im Herzen sind wir alle gleich. »Ich wollte nur höflich sein.«

»Oh, dann kenne ich Sie.«

Das einzelne, nicht gebrochene Herz der Welt ist der Grundakkord der kollektiven menschlichen Symphonie, das eine »Ich bin«, das sich in getrennten Köpfen vor sich selbst versteckt und in tiefempfundener Bewußtheit zu sich selbst zurückkehrt. Innerhalb der grenzenlosen Arena dieser geteilten Bewußtheit befindet sich der fruchtbare Boden der Kunst, durch die wir die Welt ausdrücken und feiern; die Wissenschaft, durch die wir sie verstehen; die Religion, durch die wir ihre Geheimnisse zu begreifen suchen; und die Liebe, durch die wir über die Grenzen des Kokons unseres eigenen kleinen Selbst hinausgehen, um etwas Größeres zu entdecken, zu erkunden, auszudrücken, zu verstehen und zu feiern. Die Liebe, die auf diese Weise nach sich selbst strebt, herauswill aus dem einzelnen Herzen der Welt, ist mehr als nur ein Gefühl; sie ist eine Art Sein, das durch seine Bereitwilligkeit dem Leben gestattet, freudig und hinlänglich gut zu sein, und von Natur aus fähig ist, für sich und andere zu sorgen. Jeder Mensch, dem wir begegnen, ist dann nicht mehr getrennt von uns und wird durch die Großzügigkeit der ungeteilten Bewußtheit wesentlich – so wie eine Rose oder der Fuchs, den der Kleine Prinz in der Erzählung von Saint-Exupéry zähmt.

Weil das Herz auf natürliche Weise sich und anderen gegenüber offen ist, weil es das Wirkliche liebt, es mag, etwas zu verstehen, sich anzupassen und seine Einheit mit dem Realen zu verwirklichen, ist es aufmerksam. Und weil es auf von Herzen kommende Weise achtsam ist, erlangt es Zutritt zu der Vision, die Martin Buber als die »Heiligung des Alltäglichen« bezeichnete. Anders gesagt: Das Erwachen des Herzens erneuert die Welt. Das Leiden vergeht wie ein böser Traum, aus dem wir schließlich aufgewacht sind, und wir sehen unser Gesicht, die liebevolle Bewußtheit in allen Gesichtern oder im Gesicht eines Fremden, der abends über den Universitäts-Campus geht.

26

Nach allem, was wir hier über das Selbst gesagt haben, haben wir das Wunder und das Heilungspotential der Bewußtheit erst ansatzweise angesprochen. Gewiß, das Selbst, für das wir uns normalerweise halten, der eigensinnige Verstand, ist lediglich die Oberflächenspannung dessen, der wir sind. Solange wir jene ruhige, unbegrenzte Offenheit, in der alles Denken und Fühlen, alle körperlichen Empfindungen und Erscheinungen aufsteigen, ihren Höhepunkt finden und vergehen, nicht kennen, wird unsere natürliche Freude am spontanen Ausdruck, an Weisheit und Liebe eine Möglichkeit bleiben.

Diese Offenheit hat die Dichtung als Großzügigkeit, Fülle und Klarheit beschrieben – als weiten Himmel. Wenn wir diese Offenheit fördern, wird unsere Bewußtheit von der Enge befreit und durchdringt den riesigen, dimensionslosen Horizont des Bewußtseins auf eine Weise, die sich schwer in einfachen Worten ausdrücken läßt. Dieses Bewußtsein hat eine ungeheure, fast strukturelle Integrität; es ist ein grenzenloser Raum, eine vorbehaltlose Annahme all dessen, was ist. Dort befinden wir uns im Zentrum des einen Herzens, das wir alle teilen, dem Selbst hinter dem Selbst, für das wir uns halten. Darin hat die Getrenntheit keine Macht, weil das Selbst sich nicht mehr im Krieg mit sich oder einer Welt befindet, von der es vergessen hat, daß es sie selbst ist.

Irgendwann im Laufe dieses Erwachens erkennen wir, daß uns das, was wir sind, auf vielerlei Weise gegeben ist, und wir uns nicht unaufhörlich entlang den Bahnen unseres Verlangens formen. Vielmehr ist es die Identifikation mit diesen Wünschen, die uns festhält, einschließlich des Verlangens, unser Leiden möge ein Ende haben. Wenn wir erkennen und allmählich annehmen, daß viel von dem, was wir sind, uns gegeben ist, erkennen wir, daß wir in Beziehung zu etwas größerem als unserem Willen existieren. Spirituell gesehen, sind wir alle Empfangende, und darum hat man das Gebet »Dein Wille geschehe« als die höchste Form des religiösen Gebets beschrieben. Wenn sich das Herz in allen Dingen wahrnimmt, beginnt es, Hinweise, Wegweiser, Botschaften zu empfangen, die seine größere Identität hinterlassen hat, damit es zunehmend aus seiner Selbstverborgenheit gezogen wird und ins Licht der immer größeren Bewußtheit und Liebe tritt. Wenn uns klar wird, daß wir nicht völlig eigenwillig sind, und diesen Umstand akzeptieren, vollzieht sich in uns eine spirituelle Verschiebung, die sich am Ende in unserem Erleben widerspiegelt.

Diese Idee bildet einen Eckpfeiler der Zwölf-Stufen-Programme, etwa der Anonymen Alkoholiker, der Al-

Alnon und anderer Organisationen, deren Ziel in der Überwindung von Suchtkrankheiten besteht und von denen alle größten Wert auf die Vorstellung legen, daß man sich etwas Größerem als dem Willen hingeben muß. Weil die suchtkranke Person unter ihrem »wildgewordenen Eigensinn« leidet, befreit sie in Wirklichkeit die Hingabe von der selbstzerstörerischen Gewohnheit und ermächtigt sie, umfassender zu leben. Durch diese Hingabe lernt der Eigensinn, seinen Ursprung anzuerkennen, auch wenn er ihn weder verstehen noch beherrschen kann. Das ist grundlegend: Der Verstand kann das wahre Selbst nicht ermessen, ebensowenig wie das Kind seine Eltern verstehen kann. Hingabe ist an irgendeinem Punkt unvermeidlich, wenn auch nur zum Zeitpunkt des physischen Todes. Es gibt eine Lehre, die besagt: »Lerne zu sterben, ehe du stirbst, und du stirbst nicht, wenn du stirbst.« Dieser »Tod vor dem Tod« ist die bereitwillige Hingabe des Eigensinns an etwas Größeres, das er nicht erfassen kann. Insofern der Geist bereitwillig in Beziehung zu seinem Ursprung tritt, werden wir von der Täuschung befreit, daß er der Herr im Haus sein kann.

Jenseits aller Barrieren von Zeit und Ort finden wir die Idee ausgedrückt, daß das menschliche Bewußtsein Größe enthält, ja mit allem, was ist, eins ist. Ein alter hinduistischer Text, die *Upanishaden*, erklärt, daß die individuelle Seele dieselbe Essenz wie Gott ist. Das Christentum verkündet, daß das »Himmelreich in dir ist«. Die hassidische Tradition des Judentums bezeichnet die individuelle Seele als »Lichtfunken«, und so oder ähnlich formulieren es auch die anderen spirituellen Richtungen der Welt. Somit besteht eine universelle Anerkenntnis dessen, was man als »Hologramm-Modell« bezeichnen kann. In einem Hologramm, dem dreidimensionalem Bild, das sich aus kohärenten (Laser)-Licht zusammensetzt, enthält jedes Teil des Bildes das gesamte Bild. In der Genetik sehen wir dasselbe Modell: Jedes Stück DNS-Material enthält die Kodierung für das gesamte genetische Erbe des Individuums. Demnach enthält das Ganze das Teil, aber das Teil enthält auch das Ganze. Auf dieselbe Weise ist das Individuum im wesentlichen eins mit der Realität, die es wahrnimmt.

Die zugrundeliegende Einheit des Selbst und der Welt, die das Herz als Liebe erlebt, hat nichts mit dem zersprungenen Spiegel der Ängste, Rechtfertigungen, Ideen von Besitz, auch nichts mit den tausenden Akten der Unterminierung und des Widerstandes des eigensinnigen Verstandes zu tun, was scheinbar seine Anlage ist. In Augenblicken der aufrichtigen Einfühlung in andere sind wir unserer wirklichen Identität näher, als wir denken. Doch angesichts unseres Schlafwandelns und der großen emotionalen Investitionen, die wir in unsere Illusion tätigen, lassen wir dies nur selten zu. Der Verstand setzt alles an die Aufrechterhaltung seines Getrenntheitsgefühl und verwickelt uns immer wieder in Konflikte, Verteidigungsgefechte, Kampf ums Gewinnen. Insgeheim möchte er glauben, daß es nichts Größeres gibt als ihn selbst. Er empfindet Liebe und Einfühlung als sentimental und unter seiner Würde, wenn nicht als regelrecht gefährlich, und betrachtet das Loslassen als moralische Ausflucht. Doch sobald der Verstand ins Herz gefallen ist, wenn auch nur einen Augenblick, wird uns allmählich unsere genuine Identität[13] bewußt, und der Krieg beginnt nachzulassen. Je nach der Stärke unserer Empfänglichkeit erleben wir das Gefühl des Ortes und der Verbindung, das zur Liebe befähigt, und dann bemerken wir, vielleicht zu unserer eigenen Überraschung, daß wir in das Sein verliebt sind, sogar im Augenblick unseres

---

[13] Das Wort *genuin* stammt vom lateinischen *genu* ab, (»Knie«). Es bezieht sich auf die Tradition, in der ein Vater sein neugeborenes Kind erkennt, indem er es auf sein Knie setzt. Wenn etwas genuin, echt ist, so erkennt man, daß es dazugehört und am richtigen Ort angelangt ist. Somit ist unsere genuine Identität diejenige, in der wir ganz und gar uns selbst gehören.

Kummers. Allmählich erkennen wir, daß wir diese Liebe ebensowenig verlieren können wie die Wellen das Meer.

Diese persönlichste und zugleich universellste Erfüllung bezeichnet einen Augenblick der Kontemplation, des Nachhausekommens, nachdem man lange Zeit fort war. Wir können uns diese Heimat sogar als den Ort vorstellen, an den wir immer zurückkehren. Verborgen unter seinem Eigensinn und seiner Vergeßlichkeit weiß der Geist, daß seine Ursprünge in etwas Größerem als ihm selbst residieren, daß sich nicht selbst geschaffen hat, er wird nie die Frage seiner Identität lösen und – trotz all seiner ewigen Versprechungen und seiner Propaganda – nie Erfüllung finden. Kein Wunder, daß der Geist so abwehrend und kampfbereit reagiert. Seine Tage sind gezählt, wie die des Körpers, das weiß er. Und während er sich noch bei dem hektischen Bemühen, die Illusion seiner Getrenntheit und Vorherrschaft aufrechtzuerhalten, verausgabt, muß er sich schließlich doch dem Herz beugen, damit er den selbstauferlegten Kampf beenden, das Leiden transzendieren und sich der Freude seiner wahren, weiten Identität bewußt werden kann.

So schwer es sein mag, in Zeiten der Trauer daran zu glauben: wir sind nicht allein, verlassen oder ungeliebt – nicht einmal, wenn wir der letzte Mensch auf Erden wären. Unsere Identität ist die Liebe. Wir haben nur vergessen, wie wir dem, der wir sind, Aufmerksamkeit schenken können. Diese Aufmerksamkeit öffnet einen Raum, damit etwas erkannt, anerkannt und angenommen werden kann. Ironischerweise sind wir, wenn unser Leiden so groß ist, daß wir fürchten, wir könnten uns darin verlieren, unserer Selbstfindung am nächsten.

In der Praxis sind wir frei zu entscheiden, ob wir in dem größeren Bild leben wollen, das heißt, wir sind frei, das, was sich im Äußeren abspielt, als Chance zu begreifen, die Identifikation mit dem Herzen zu vertiefen. Mit dieser Wahl überschreiten wir die Barriere des »Innen« und »Außen« und praktizieren ein Bewußtsein im Herzen. Infolge der zunehmenden Bereitschaft, in den Kern der Dinge vorzudringen, stellen wir fest, daß unsere Erfahrung eine neue Fülle und symbolische Bedeutung annimmt, gar nicht unähnlich einem Traum. Diese Praktik beginnt damit, daß alles, was wir erkennen, für uns deshalb so emotional aufgeladen ist, weil es zu unserem Herz spricht – mit anderen Worten: es kann uns etwas darüber lehren, wer wir sind. Das ist kein leichter Weg; wir alle geben nur ungern die Trostpreise des Eigensinns, des Verurteilens und der Schuldzuweisungen weg. Doch sobald wir bereit sind, den hohen Weg des Herzens einzuschlagen, wird sich unsere Heilung außerordentlich beschleunigen.

Was bedeutet es, eine radikale Verantwortung für alles zu übernehmen, was uns widerfährt? Es bedeutet, daß wir die Rolle eines Schöpfers übernehmen, vorbehaltlos, daß wir alles, was geschieht, mit einem Ziel vor Augen untersuchen: das Herz-Bewußtsein zu vertiefen und zu erweitern. Nehmen wir ein Beispiel: Ich fahre auf der Autobahn, blicke in den Rückspiegel und sehe, wie der Wagen hinter mir dicht auffährt. Wieso wagt dieser Idiot, mein Leben zu gefährden! Ich würde ihn am liebsten umbringen. *Er* ist verantwortlich. *Er* schafft diese Situation. Ich meine, da jagt er hinter mir her und merkt gar nicht, daß er mir direkt hinten reinfährt. Was ihn aber überhaupt nicht interessiert. Wenn ich so reagiere, bin ich ganz damit beschäftigt, mich als Opfer der äußeren Bedingungen zu fühlen. Nehmen wir einmal an, ich hätte in der Hitze des Gefechts eine radikale Verschiebung in dem, was geschieht, vorgenommen und hätte die Verantwortung übernommen. Was hat dieser Fahrer mir beizubringen? Warum rege ich mich so auf? Als erstes erkenne ich, daß das zu dichte Auffahren etwas ist, was wir *beide* erschaffen. Ich könnte ja die Fahrspur wechseln und die Situation beenden. Aber das tue ich nicht. Ich fahre weiter auf *meiner* Fahrspur und hasse den Typen. Nun wird mir bewußt, daß ich meine Hand in der *Affenfalle* habe, daß ich zwar die Situation nicht selber schaffe, ich aber mein Leiden erschaffe, und an genau dem festhalte, was mir Schmerz bereitet. Ich bin kein Opfer, sondern ein Freiwilliger. Gehen wir weiter: Ich merke, daß mich etwas an diesem Mann an mich selbst erinnert, an meine eigene Art, rücksichtslos zu einem Zielort zu fahren, ohne auf die Folgen zu achten. Wie viele Argumente habe ich gewonnen, indem ich die Gefühle anderer über-fahren habe? Gehen wir noch weiter: Ich nehme wahr, wie mein Eigensinn vor der Spiegelung dieser Fehler zu-rückschreckt; er leugnet sie lieber und verdammt in an-deren, was er in sich verleugnet hat, und deshalb regt uns die Situation so sehr auf. Ich sehe den Mann sogar im Spiegel. Mir ist meine eigene Bockigkeit und Rücksichts-losigkeit klargeworden und auch, daß ich diese Eigen-schaften immer noch leugnen möchte, daß ich sie mir nicht vergeben kann, sondern weiter an ihnen festhalten will. Kein Wunder, daß ich sie nicht akzeptieren kann, wenn sie in einem anderen auftauchen. Wenn ich diese Charakterzüge von ganzem Herzen akzeptiert hätte, könnte ich sie auch einem anderen Menschen verzeihen. Dann wäre ich dem Mann einfach aus dem Weg gegan-gen, ohne mich emotional zu verstricken. Denn was be-deutet mir der Mann? Das ist genau die Frage, die sich die Bewußtheit stellt. Solange der Mann für mich etwas re-präsentiert, dem ich mich nicht stellen möchte, werde ich das auf ihn projizieren und ihn dafür hassen. Es wird einen emotionalen Haken geben, der meine Aufmerk-samkeit fordert, weil er meiner Aufmerksamkeit bedarf. Das praktische Ergebnis, wenn ich die Situation als einen Weg begreife, um einen tiefergehenden Zugang zu mei-nem Herzen zu finden, ist – ob der Mann das nun weiß oder nicht –, daß er mein Lehrer ist. Er macht mir meine Bockigkeit bewußt, meine Rücksichtslosigkeit, meine mangelnde Bereitschaft zur Vergebung. In dem Augen-blick, in dem ich meine Bewußtheit erweitere, so daß sie diese urteilsfreie Erkenntnis einschließt und bereit ist, sie in mir zu lieben und anzunehmen, bin ich frei, sie in mir urteilslos zu erleben, frei, ihr keine Bedeutung zu verleihen und sie mir zu Herzen zu nehmen. Der emotionale Stachel ist verschwunden, weil er seinen Haken verloren hat. So kann das Herz den Kampf des Geistes in ein tieferes Verständnis umwandeln. Also fahre ich auf die rechte Fahrspur, und der Wagen zischt vorbei. Und wenn ich in den Rückspiegel schaue, erblicke ich eine offene Straße und ein dankbares Lächeln.

Es ist tatsächlich möglich, auf diese Weise zu leben, so daß kein Problem, keine Krise ohne Geschenk ist. Zunächst fällt es schwer, sich an die Absicht zu erinnern, es doch einmal so zu versuchen – der Geist reagiert immer sehr schnell –, doch unsere Zielstrebigkeit wurzelt in der Erkenntnis, daß wir an dem aufregendsten Abenteuer überhaupt teilnehmen, dem Abenteuer, der zu werden, der wir sind.

Epilog: Leben ist besser als Heilen

Im Laufe des Prozeses, in dem ich mein gebrochenes Herz gekittet habe, habe ich hinter den Vorhang einer lebenslangen Gewohnheit geblickt und gesehen, daß wir Menschen unterhalb der furchtbaren Dramen, die uns so sehr ängstigen und verletzen, übersprudelnd sind – wir lernen, haben Absichten, handeln danach, nehmen an dieser Welt teil, die sich immer von uns unterscheiden wird, selbst während sie uns umgibt und durchdringt, ein Springbrunnen, der aus demselben Wasser aufsteigt, das uns gestaltet, verschieden und doch gleich. Ich fand Trost in der Vision der Unabhängigkeit, weil sie beinhaltet, daß wir nicht dazu verdammt sind, Opfer zu sein, die passiv unsere Gedanken, Gefühle und weltlichen Umstände hinnehmen müssen, auch wenn wir sicherlich diese Rolle spielen können, wenn wir sie wählen. Die Wahl ist möglich, immer, selbst wenn es nur die Wahl ist, sich zu weigern, Aufmerksamkeit zu schenken. Zu wählen ist eine Verantwortung, und diese hat ihren Preis; zuweilen ist es ein hoher Preis, aber wir müssen nie den Preis zahlen, Opfer zu sein. Selbst in Zeiten der anscheinend größten Ungerechtigkeit und Machtlosigkeit, ertappen wir uns möglicherweise bei einem Akt der Mitschuld, erhaschen einen Blick auf uns, ebenfalls mit einem Pinsel in der Hand, aber – was am wichtigsten ist – wir können den Griff lockern und beginnen, ein anderes Bild zu malen.

Wenn sich nach einem schweren Verlust die Wogen geglättet haben, ist die Herausforderung die gleiche wie immer: sich der Güte des Lebens in seinem Lauf zu öffnen und seine Fülle zuzulassen, sogar in unserem Leiden. Dieser Herausforderung kann man nicht ausweichen, ob wir einen Partner haben oder nicht, ob wir gesund sind oder nicht, ob unser Körper, unsere berufliche Karriere oder unsere wichtigsten Beziehungen intakt sind oder nicht. Wir haben die Wahl, verschlossen zu bleiben, unseren Kummer zu vertiefen statt ihn freizugeben, oder aber loszulassen und weiterzugeben.

Zuweilen bringt die Nachricht, daß wir frei sind, aus dem Leiden herauszutreten, eine gewisse Traurigkeit mit sich. Gewiß, der Verlust des Leidens ist selber ein Verlust, ein wichtiger, denn damit verlieren wir einen Teil von uns, der uns lange begleitet hat. Viele Therapeuten kennen Klienten, die einen Punkt erreichten, an dem sie sich ihrer suchtmachenden Verhaltensmuster bewußt genug waren, um sie abwerfen zu können und damit zu beginnen, frei zu leben, dann aber mitansehen mußten, wie sie am Abgrund der Freiheit zurückwichen. Es ist alles so schwer. Die alten Muster, selbst wenn sie uns quälen, sind uns tief vertraut. Und wie wir gesehen haben, hat es Vorteile, im eigenen Gefängnis zu verharren. Die Freiheit fordert uns auf, das Unbekannte zu akzeptieren und echte Wagnisse einzugehen. Wir können nicht mehr das Glück der Unwissenheit erleben. Wenn wir bewußt leben, tragen wir die Verantwortung, uns dem zu stellen, was wir sehen. In diesem Augenblick entsteht eine neue Art Einsamkeit: Wir erkennen, daß niemand unser Leben für uns führen wird. Es liegt an uns, im Guten wie im Schlechten, zu gestatten, ob unser Leben gut wird oder wir uns weiter der inneren Güte widersetzen, indem wir den Diktaten des Eigensinns dienen. Wir sehen, daß wir *zutiefst* frei sind – unser Bewußtsein anzunehmen oder zu verleugnen, zu entscheiden, zu wählen, zu handeln, zu leben, das Gefängnis zu verlassen und das Wunder zu erfahren, reich und bewußt zu leben. Hurra – und o weh.

Wenn Sie immer noch geneigt sind, trotz allem, was Sie durchgemacht haben, sich im Bett zu verstecken und die Bettdecke über den Kopf zu ziehen, wird diese Aussicht Sie eher schrecken als begeistern. Vielleicht meinen Sie, daß still dazusitzen und aufmerksam wahrzunehmen, was sie wirklich fühlen, wie sie möglicherweise an ihrem Leid festhalten, einfach zuviel verlangt ist – zuviel Geduld, zuviel Durchhaltevermögen, zuviel Mut verlangt. Das Herz tut Ihnen weh, und dabei wollen Sie doch nur eines: daß alles wieder normal wird, daß man Sie hält und Ihnen sagt, man versteht und liebt Sie, und daß dieser Verlust ein grauenhafter Irrtum war, der nun endlich vorüber ist. Jeder, dem man ein Stück seines Herzens ausgerissen hat, fühlt sich für eine Weile so. Der Schmerz *wird* vergehen. Ihr gebrochenes Herz *wird* heilen. Und wenn Sie bereit sind, das Wunder – Ihr wahres Selbst – anzuerkennen und zu ehren, stellen Sie vielleicht fest, daß Ihr Schmerz Sie weitherziger und empfindsamer gemacht hat, daß er irgendwie dazu beigetragen hat, daß mehr an Ihnen ist. Auch werden Sie durch das Abwerfen des engen Selbstmitleids, der Ungeduld und des zweiten Schmerzes feststellen, daß es besser ist, gut zu leben, als geheilt *zu werden*. Das neue Selbst-Bewußtsein und Mitgefühl wird sich erweitern und ein größeres Mitgefühl für andere einschließen, die durch ähnliche Prüfungen gehen. Sie werden die ruhige Stärke Ihrer Selbstannahme und die Integrität Ihrer Seele spüren und die eigenen Möglichkeiten erkennen, man wird sogar auf Sie zukommen, um mit Ihnen über Probleme und Gefühle zu sprechen. Nachdem Sie Zeuge des suchtmachenden Festhaltens des Verstandes geworden sind und sich vergeben haben und Sie über das bloße Reagieren hinausgegangen sind, erfahren Sie das Leben mit einem neuen Gefühl der Originalität, der Aufregung und Vielfalt. Sie werden erkennen, daß in Anbetracht aller Umstände das Leiden so unvermeidbar war wie der Wechsel der Jahreszeiten. Soviel steht nämlich fest: Niemand, der einen Verlust erleidet, wählt ihn, um etwas daraus zu lernen, ganz gleich, wie bedeutsam es sein mag. Doch für jene, die einen Verlust erleiden und den Weg ins Herz zurückfinden, kann keine Lektion größer sein.

Vom selben Autor:

Philip Golabuk
Geschichten aus dem Sunset-Grill
Reflexionen über Liebe und Freundschaft
Aus dem Amerikanischen von Michael Benthack
192 Seiten, Broschur
DM 28,–/öS 219,–/sFr 29,–

Im Sunset-Grill treffen sich
Kären, die Schriftstellerin, die ihren Job
verloren und ihren Mann verlassen hat;
Dennis, der Fotograf, der sein Handwerk nutzt,
um den Dämonen seiner Jugend zu entkommen;
Gretchen, die eine soziale Einrichtung leitet;
Rick, der ehemalige Werbemanager mit
unerfüllten beruflichen Träumen;
und Philip, der an den Folgen einer
gescheiterten Ehe laboriert.

Kabel